Chaosmose

Félix Guattari

Left 09

左翼前沿思想译丛09

# 混沌互渗

[法]菲利克斯·加塔利-著 董树宝-译

南京大学出版社

**图书在版编目（CIP）数据**

混沌互渗 / (法) 菲利克斯・加塔利著；董树宝译
. -- 南京：南京大学出版社, 2020.2（2022.6重印）
（左翼前沿思想译丛）
ISBN 978-7-305-13986-4

Ⅰ. ①混… Ⅱ. ①菲… ②董… Ⅲ. ①哲学思想—思想评论—世界 Ⅳ. ①B1

中国版本图书馆CIP数据核字(2019)第257111号

出版发行 南京大学出版社
社　　址 南京市汉口路22号　　邮　编 210093
出 版 人 金鑫荣

丛 书 名 左翼前沿思想译丛
书　　名 混沌互渗
著　　者 [法] 菲利克斯・加塔利
译　　者 董树宝
策 划 人 严搏非
责任编辑 杨　括　施　敏
特约编辑 黄　洁　谢小谢

印　　刷 山东临沂新华印刷物流集团有限责任公司
开　　本 880×1240 1/32　印张 5.75　字数 114千
版　　次 2020年2月第1版　2022年6月第3次印刷
ISBN 978-7-305-13986-4
定　　价 38.00元

网　　址 http://www.njupco.com
官方微博 http://weibo.com/njupco
官方微信 njupress
销售热线 （025）83594756

# 目 录

# 总序

吴冠军、蓝江

## 一

奉献在读者面前的，是我们经过漫长筹备的一套丛书：《左翼前沿思想译丛》。在汉语学界，“左翼（派）”这个说法长久以来陷于深度混淆：我们触目可见诸种“老左派”“新左派”“极左思潮”标签，但归在这些标签下的种种论述真的可以代表“左翼”吗？

什么是“左翼”？在我们看来，“左翼”有两个定义性的特征。一是态度性的，即对当下既有现状（status quo）持一个批判性的态度。这个“态度”（attitude），亦即福柯所说的“启蒙的态度”：“可以连接我们与启蒙的绳索不是忠实于某些教条，而是一种态度的永恒的复活——这种态度是一种哲学的气质，它可以被描述为对我们历史时代的一个永恒的批判。”以此态度观之，今天汉语学界的许多“左翼”其实是名不副实的。

与此同时，“左翼”还有一个更实质性的特征：它不仅是一种“态度”，而且是一种“诉求”。这个实质性内核，就是争取更充分的平等。“左翼”的政治思想或话语，无论再怎么呈现出五光十色的多元性，其最根本层面上的底色不会更改——追求一个更为平等主义的社会

(egalitarian society)。这就是"左翼"的两个定义性特征：批判性的态度与平等性的诉求。通过策划这套丛书，我们旨在在汉语学界重新厘清"左翼"思想的根本轮廓，并带领读者进入左翼思想的最前沿地带。

以此为旨归，这套丛书将系统性地向汉语学界引入关于当代左翼思想的最前沿成果。自20世纪90年代开始，欧陆思想界的政治哲学研究出现了新的状况与新的气象：在政治上，90年代初福山提出的"历史终结论"，宣告了全球资本主义秩序的到来；而在哲学上，"后结构主义"将西方欧陆思想的发展推到了它自身发展的一个逻辑极致，标识了"哲学的终结"。而恰恰是在这个双重"终结"的状况下，自90年代后期开始，一批卓越的欧陆思想家开始走到国际学术舞台之一线前台，其中具超凡影响力的就有齐泽克、巴迪欧、奈格里(及其合作者哈特)、阿甘本、拉克劳(及其合作者穆芙)、朗西埃、巴里巴、瓦蒂莫等。这些思想家在过去近二十年间的著述，已然开辟出了欧陆思想的全新气象，打开了"后结构主义之后"的(诸种)新的开端。

## 二

如何在欧陆思想史脉络中定位这批新一代欧陆左翼领军人物？

让我们先回到20世纪七八十年代。前面已提到，当时，一股后来被概述为"后结构主义"的思想运动，将欧陆思想的发展推向了它自身发展的一个逻辑极致。为什么这样说？

古希腊的古典形而上学以"理性"(logos)应治多神时代的"神话"(mythos)，以"自然"(physis)作为人类共同体的基石。随后基督教神学以"上帝"代替"自然"，作为人的世界最终的根基与根据。欧陆思想史上"哥白尼式革命"的启蒙，则瓦解了"上帝"的权威，重新以人的理性作为共同体之维系力量。继之而起的三轮思想浪潮——历史主义、存在主义、阐释学——完成了从启蒙的普遍主义到后启蒙之视角主义（时代精神、个体意志、视域）的转换。随后兴起的结构主义，则借助语言学与精神分析而彻底瓦解"主体"之范畴（"主体"被构建论）。最后，在后结构主义思想家们这里，"历史化"与"结构化"相结合，"解构主义""反本质主义""无基础主义""新实用主义"，皆指向了欧陆思想自身的逻辑终点——不再有任何形而上学的力量或范畴，可以构成人类共同体的终极支撑。对欧陆思想史深有洞见的利奥·施特劳斯在 20 世纪 50 年代便宣布：除了"回归"——回归古典形而上学或神学（"雅典或耶路撒冷"）——外，别无新的思想突破口。[1]

然而，我们已经能在近二十年欧陆政治哲学家的著作中，捕捉到一股新的思想脉动。自 20 世纪 90 年代以降，齐泽克与阿甘本这两位出生于 40 年代的思想家，与比他们略长半辈的奈格里、拉克劳、巴迪欧等人（皆出生于 30 年代）一起，围绕"the Political"（政治）形成了一个充满活力的欧陆思想前沿地带—— 一个新兴的"激进左翼"思想阵营。

但我们仍然面对的重要问题是：是什么使得这股"激进左翼"政治哲学在过去十几年内迅猛崛起？这些学者同前代左翼学者（后结构主义者）的根本学理分歧在哪里？他们是否真正打开了全新的思想格局？

## 三

在我们看来：这一代欧陆思想家的崛起，始于他们不满于后结

1 进一步阐述请参见吴冠军：《现时代的群学：从精神分析到政治哲学》，中国法制出版社，2011 年，第 3—152 页。

构主义者在“政治主体”问题上的立场——“消解主体”后，拥抱微观政治、“私密的反抗”（intimate revolt）、拟像游戏、小叙事与歧见的繁荣、多元主义的族群认同，等等。在这些当代激进思想家看来，后结构主义的政治方案在今天已经彻底丧失反抗性，因为它们已经被整合到全球资本主义秩序之中：微观政治、“私密的反抗”、拟像游戏、小叙事繁荣、小共同体认同、开放的多元主义宽容等，都能在被齐泽克称作“后现代数字资本主义”的全球秩序中得到实现。而后结构主义的当代传人，如赛蒙·克里奇利、朱迪丝·巴特勒等人，皆发出如下论调：现状永远会持续下去，我们无法击败整个资本主义系统，我们只能进行日常生活中的“私密的反抗”，进而，努力让各种被排斥、被边缘化的声音被听到……这种左翼姿态，在当代激进左翼学者眼中，正是把左翼事业引向一条绝路：从哈贝马斯到克里斯蒂瓦，顶级左翼思想家们明里暗里皆纷纷放弃社会变革的目标（承认资本主义秩序会不断持续下去），放弃激进解放的理想（玩玩“私密的反抗”、搞搞小范围的游戏）……

是故，把理论进路并不一致的这批当代学者们联合成一个“激进左翼”思想阵营的，正是他们所分享的这样一种立场：对全球资本主义秩序的激进反抗。而在学理上，不论他们的正面主张为何，这批左翼学者旨在处理的一个核心问题，就是*政治的主体*问题：传统的工人阶级（working class）之后，什么能成为新的变革既有秩序的主体？

今天“激进左翼”阵营中的成名人物，都在政治主体这个问题上深有建树。若对他们进行细致的理论梳理的话，则可分出四个理论路向。有意思的是，前三个路向正好两两出场：第一对，就是因写作《帝国》三部曲而大名鼎鼎的哈特和奈格里；第二对，是在80年代就已成名的拉克劳和穆芙（他们的成名作《领导权和社会主义策略》是左翼政治哲学的地震式作品）；第三对，就是齐泽克和巴迪欧（他们也有一本合著，即收入本丛书的《当下的哲学》）。而第四个路向，则是以阿甘本的《神圣人》(亦收入本丛书)三部曲为代表。这四个路向，实则构成了当代欧陆左翼思想之基本框架。

进一步沿着思想史的线索向上追索，我们就能看到以上四个路向各自背后的理论资源：第一对背后站着的是马克思和德勒兹；第二对背后是马克思和葛兰西；第三对背后是马克思和拉康；第四对背后则是海德格尔与本雅明。进而我们想指出的是，这批激进左翼思想家给我们打开的思想视野不仅仅是“回到马克思”，他们更是向上追到了古典德国理念主义(齐泽克)，追到了斯宾诺莎(奈格里)，追到了古希腊的亚里士多德(阿甘本)，追到了柏拉图(巴迪欧)。这就使得我们有必要进一步把激进左翼的政治哲学，放在一个更大的思想史背景下去进行考察——对柏拉图到施特劳斯/巴迪欧、亚里士多德到阿伦特/麦金泰尔/阿甘本、霍布斯到施米特/阿甘本、斯宾诺莎到德勒兹/奈格里、康德到海德格尔/罗尔斯/拉克劳、黑格尔到科耶夫/泰勒/齐泽克等等这些充满“歧路”的思想史线索，去做出一个学理上的内在衡析。[1]

四

汉语学界对当代左翼前沿思想的研究，从21世纪初大陆和台湾开始陆续翻译他们的著述以来，已取得了一定的成绩：至少在今天，齐泽克、奈格里、阿甘本、巴迪欧等名字对于中国学者来说已经不再是陌生语词。

然而，其中很多著作之翻译质量，实在不如人意。究其缘由，我们认为问题出在汉语学界的研究者与翻译者们对当代左翼思想尚

1 以上分析的具体展开，请参见吴冠军：《第十一论纲：介入日常生活的学术》，商务印书馆，2015年，第3—19页。

无系统了解与学术认知。因缺乏实质性的学术储备，很多译者是在为翻译而翻译，乃至在粗劣地“硬译”。这便使得左翼思想在学界的面目更加晦暗不清，遑论对之进行学理上的深入梳理与衡析。正是鉴于这一局面，在三辉图书的鼎力支持下，我们投身筹划了这套大型丛书。

本译丛目前包含两部分：第一部分，我们选取了当代著名的左翼思想家，包括阿甘本、齐泽克、巴迪欧等人（还有一些他们老师辈的，比如加塔利）的代表性著作。我们希望通过翻译的方式——尽力做到优质的翻译——呈现出当代欧陆左翼的思想地貌。第二部分，我们选取分析欧陆左翼思想跟中国思想互动的研究，包括借助左翼理论视角来研究中国思想的著作，以展现左翼思想与中国语境的诸种相关性。

认真负责的学术翻译，在今天诚然是“高投入、低产出、低报酬、高风险”的高压且高危行业，于职业于健康皆无“益处”，只有“愚公”才会干。很感谢和我们一起投入这项事业的愚公学友们。我们谨希望通过自己的微薄努力，为汉语学界的左翼思想研究与学术讨论带来一些不同的景观。若能至此，纵疲累，心愿已足。

译序（代导读）

# 谁是菲利克斯·加塔利？[1]

当你拿起这本著作时，或许出于闲适的无聊，或许出于求知的好奇，或许你禁不住会问：谁是菲利克斯·加塔利？

菲利克斯·加塔利（Félix Guattari，1930—1992），法国当代精神分析学家、哲学家，因与法国当代哲学家吉尔·德勒兹（Gilles Deleuze，1925—1995）合著《反俄狄浦斯》（*Capitalisme et Schizophrénie 1: L'Anti-Œdipe*，1972）、《卡夫卡：为弱势文学而作》（*Kafka: Pour une Littérature Mineure*，1975 年）、《千高原》（*Capitalisme et Schizophrénie 2: Mille Plateaux*，1980 年）和《什么是哲学？》（*Qu'est-ce que la philosophie?*，1991 年）而闻名于欧美学界，成为法国当代哲学一道独特的文化景观。合作者德勒兹的

---

1　本文系国家社科基金项目“形象的叛逆：法国当代哲学的艺术之思”（12CZX079）阶段性成果之一，本书译者亦将本译著列为该项目阶段性成果之一。

著作陆续被翻译成中文，研究著作和学术论文日益增多，成为国内法国思想研究中最受关注的重要理论家之一。相比之下，菲利克斯·加塔利备受冷落，少有问津，虽有一些著作和论文提及加塔利，论及二人合著的著作，但基本上是以德勒兹的思想为中心进行研究，德勒兹的思想因作者署名的“马太效应”大放光彩，而加塔利的思想基本被遮蔽在德勒兹的光环之下，没有释放出其应有的思想力量。如若研读加塔利的著作，我们会体会到一种有别于“德勒兹与加塔利”或德勒兹的理论风格，感受到一种异乎寻常的思想强度。

加塔利属于“战后一代”，早年曾积极进行过理论探索和实践活动。他本来在索邦大学学习药理学，中途辍学，接受让·乌里（Jean Oury）的邀请参与创建他一生为之工作的拉博德诊所，为拉博德诊所撰写了理论宣言，成为拉博德诊所的理论旗手。在后来的访谈中，他曾这样评价自己的思想和实践：“在我看来，我那时有太多的‘立场’，至少四个吧。我属于‘共产主义之路’（La Voie communiste），随后是左翼反对派；1968年‘五月风暴’后，我心神不宁，写过一些文章，如《左翼反对派的九个论题》。随后，我参加了让·乌里1953年在古尔－舍瓦尼（Cour-Cheverny）根据托斯盖尔实验创立的拉博德诊所：我们试图在实验和理论上确定建制性精神治疗的基础（就我来说，我试验了‘横贯性’和‘群体幻想’一类的观念）。还有，自从拉康创办研讨班开始，我便接受了拉康的训练。最后，我有了一种立场，或者是一种关于精神分裂话语的立场，我始终关注精神分裂患者，被他们所吸引。”[1] 由之我们可以看到加塔利思想的“多个维度”：精神分析、政治活动、团体工作，乃至后来的精神分裂分析、生态学、美学和技术哲学等内容。“如若人们想恰当地介绍加塔利，必须要记住他是一个具有多重身份的人：他是一名在拉博德诊所工作了多年的精神分析师；他是一名文学批评家，是论卡夫卡著作的合作者；他是一名与哲学家吉尔·德勒兹合作的思想家，写了一部质疑政治经济学、人类学、语言学和精神分析学的综合性著作；他是一名积极分子，是法国私有自由电台运动的推动者。”[2]

1968 年，法国“五月风暴”爆发，加塔利积极参加各种抗议活动。“五月风暴”给他带来了思想冲击，也为他与德勒兹的相遇提供了历史契机。“两年半前，我认识了菲利克斯。他觉得我走在了他前面，他期待着某种东西……菲利克斯跟我谈起了他已经称之为欲望机器的东西：有关机器无意识、精神分裂无意识的整个理论和实践构想。因而我觉得他走在了我的前面。”[3] 加塔利的理论和实践不仅赢得了他的理论合作伙伴德勒兹的赞赏，而且为两人的合作提供了坚实的基础。“《反俄狄浦斯》和《千高原》的许多中

---

1 Gilles Deleuze, *Pourparlers*, Paris: Minuit, 1990, pp.25–26.

2 Félix Guattari and Lula, *The Party without Bosses*：*Lessons on Anti-Capitalism from Guattari and Lula*, Winnipeg: Arbeiter Ring, 2003, pp.56–57.

3 Gilles Deleuze, *Pourparlers*, Paris: Minuit, 1990, p.24.

心概念都是由加塔利提出来的。正是在加塔利的倡导下，他们开始对精神分析学进行批判，并形成与之相反的‘精神分裂分析’理论。加塔利超越学院派哲学传统的位置使他能够在与德勒兹合作之后将对政治问题、社会问题和历史问题的直接关注融入德勒兹的著作之中，而加塔利多年的实践经验……更为他与德勒兹在合作中不断地进行理论创新提供了必要的前提。”[1] 两人各自的理论探索构成了“德勒兹与加塔利”这一机器装配的理论前提，他们相互化合，相互生成，分别成就了“德勒兹”与“加塔利”，因而不可以说加塔利只是德勒兹的追随者！除了他与德勒兹共同撰写的著作外，他独自撰写的著作有《精神分析学与横贯性》（*Psychanalyse et transversalité:Essais d'analyse institutionnelle*，1972 年）、《分子式革命》（*La révolution moléculaire*，1977 年）、《机器无意识》（*L'inconscient machinique:Essais de Schizoanalyse*，1979 年）、《冬日之年》（*Les années d'hiver*，1980—1985，1986 年）、《三种生态学》（*Les Trois écologies*，1989 年）、《精神分裂分析制图学》（*Cartographies schizoanalytiques*，1989 年）、《混沌互渗》（*Chaosmose*，1992 年）、《反俄狄浦斯论文》（*Ecrits pour L'Anti-Œdipe*，2004 年）、《逃逸线》（*Lignes de fuite. Pour un autre monde de possibles*，2011 年）、《什么是生态哲学？》（*Qu'est-ce que l'écosophie?*，2013 年）

1 Ronald Bogue, *Deleuze and Guattari*, London and New York:Routledge,1989, p.9.

等，此外他还与托尼·内格里（Toni Negri）合著了《自由的新空间》（*Les nouveaux espaces de liberté*, 1985 年）等著作。

细究德勒兹和加塔利的风格，德勒兹似山，厚重不迁，加塔利似水，机智灵活，似乎与孔夫子的“知者乐水，仁者乐山”相合。在写给日本友人宇野邦一的信中，德勒兹阐述了他与加塔利的“二人写作”，他将加塔利比作海，而将自己比作山丘。“抑或应该将他比作海：表面上总是变幻不定，始终光芒四射。他能够周旋于各种活动，他睡得少，他游历，他不会停下来。他没有**中止**。他具有异常惊人的速度。至于我，我更像山丘——我极少移动，不能同时进行两件事，我的观念是固定的观念，而且我所具有的、罕见发生的运动是内在的。我喜欢独自写作，我不喜欢说话，除了上课，那时话语不得不顺从其他内容。至于我俩，菲利克斯和我，我们可能进行一场棋逢对手的相扑运动。”[1] 加塔利的非学院派背景一方面使他少受所谓学术规范的钳制，思想放荡不羁，游牧在层峦叠嶂的“千高原”；另一方面德勒兹也为他灵活多变的思想所折服，不断地从他的思想世界里获得新概念，来实践他的哲学理念，因为德勒兹认为哲学就是创造概念，而加塔利从不同的学科领域挖掘出形形色色的概念，供德勒兹进行创造和改装。

如若我们试图勾勒加塔利的思想肖像，他首先是一名精神分

---

1 Gilles Deleuze, lettre à Uno: comment nous avons travaillé à deux, in. *Deux régime de fous*, Paris: Minuit, 2003, p.218.

析学家，毕生从事着精神分析工作，日复一日地诊治形形色色的精神病患者，不过他不再是一名弗洛伊德和拉康意义上的精神分析学家，或者更准确地说，他是一名精神分裂分析学家。他思考的不再是移情关系、俄狄浦斯情结等模式化问题，他诊断的不再是个体意义上的精神病患者，他将思考问题的深度和广度上升到哲学和美学层面。他超越了精神分析的移情模式和语言模式，探究了精神病患者与社会各个层面极为复杂的关系，他诊治的是现代社会，诊断的是现代社会的“病症”。当结构主义者纷纷将主体性列入“罪恶”名单之时，加塔利反其道而行之，从生产的角度重新思考了主体性问题，重新思考了启蒙以来的“解放实践”。如同福柯临终之作《何谓启蒙？》重新拷问了康德的问题一样，他的临终之作《重建社会实践》也延续了这一思考，面对现代社会的种种危机，为现代社会开具“药方”，寻找定向的“罗盘”。

主体性生产是加塔利的核心主题，也是贯穿其全部著作的一条主线，成为他理论思考和社会实践的聚焦点。《混沌互渗》第一章《论主体性生产》就是对这一核心主题进行的总结，从政治、经济、科学、心理、生态、美学等方面提出了主体性生产的全球性方略。主体性生产不仅关系着物质的生产，也关系着欲望的生产；主体性生产不仅超越了个体与社会的对立，而且还关涉着个体、群体、建制等多样性因素；主体性生产不仅受到社会历史事件的持续影响，而且还受到机器和媒介的深刻影响。加塔利洞察到后媒介时代的来临，洞察到后媒介时代的潜在创造性和“机器主体性”，突出了主体性生产的过程性、异质性和多样性，由之来反对笛卡尔以来大写的、抽象的、先验的主体。此外，加塔利还从人类主体性的行为学和生态学视角来探讨主体性生产，以拉博德诊所为例，他发现了社会生态学和精神生态学在建制性精神治疗中的特殊地位。“问题不在于对患者的主体性进行简单的重塑——正如主体性先于精神病危机而预先存在的那样——而在于一种独特的生产。”[1] 这种主体性生产通过精神病患者参与拉博德诊所的各种事件活动而实现了“个体—群体—机器之间的多样性交流”。

在拉博德诊所的精神分析实践中，加塔利不断地释放出思想的光芒，孕育出新的思想。其中来自拉博德诊所精神分析实践的横贯性理论，超越了弗洛伊德和拉康的移情理论，突破了分析者与被分析者的二元对立模式，是加塔利进行哲学思考和精神分析实践的方法论，由此他提出了独具特色的群体理论——主体群体和屈从群体。横贯性理论后来频繁地出现于加塔利与德勒兹合著的《反俄狄浦斯》和《千高原》，在德勒兹和福柯的著作中得到了积极回应。德勒兹认为横贯性还可以应用于左派理论与实践，“以某种宽松甚至含混的方式来定义左派，由理论角度来看，它是对

1 Félix Guattari, *Chaosmaose*, Galiée, 1992, p.18.

权力问题的不断追索，表现为对资产阶级概念的同样抵制；而从实践角度来看，它是某种局部且特化的斗争形式，其相互关系与必要单位不再来自整体化或中心化的过程，而是如加塔利所言，来自横贯性过程”[1]。横贯性具有反等级化、反中心化、反整体化的特点，打开了创造性的潜在空间，有助于孕育新型的主体性形态，也就是“横贯主体性”。

当时巴赫金的复调理论因为一个叫克里斯蒂瓦的东欧女人而风行于法国思想界，加塔利也从巴赫金的复调理论获得思想灵感。他认为主体性是复数的、复调的，是个体、群体和建制相互作用的产物。在巴赫金看来，“有着众多的各自独立而不相融合的声音和意识，由具有充分价值的不同声音组成真正的复调”[2]，形成了一个多元共生的、话语丛集的世界，实际上就是一种多声部的对话关系。在这种对话关系中，主体性是独立自主的，具有自创生的功能，而且是有差异的，各有不同，“到处都是公开对话的对语与主人公们内在对话的对语的交错、和音或间歇”，“到处都是一定数量的观点、思想和语言，合起来由几个不相融合的声音说出，而在每个声音里听起来都有不同”[3]，这种复调主体性与横贯主体性是同义的，体现了一种新型的对话关系，体现了人

1 吉尔·德勒兹：《德勒兹论福柯》，杨凯麟译，江苏教育出版社，2006 年，第 25 页。
2 M. 巴赫金：《陀思妥耶夫斯基诗学问题》，白春仁、顾亚铃译，生活·读书·新知三联书店，1988 年，第 29 页。
3 M. 巴赫金：《陀思妥耶夫斯基诗学问题》，白春仁、顾亚铃译，第 359 页。

类最基本的相互关系。“巴赫金描述了作者与作品的沉思者［马塞尔·杜尚（Marcel Duchamp）意义上的‘观看者’］之间进行的主体化移情。在这一运动中，根据巴赫金的观点，‘消费者’可以说变成了共同的创造者；因为审美形式只有通过孤立或隔离的功能的迂回方式才能取得这一结果，以便表达质料在形式上变成创造性的。”[1] 巴赫金的这种阐释暗含了一种“自创生”的理念，形式通过孤立或隔离功能实现了自主功能和自足需要，这种理论契合了加塔利主体性生产的思考，成为加塔利重新发现巴赫金的关键性原因——它关涉到创造的主体性和主体性特异化的诉求。

加塔利曾提出“三种生态学”，主张从环境生态学、社会生态学和精神生态学来诊治现代社会的病症。“如若不改变人的精神状态，如若没有进入后媒介时代，对环境就不会有持久的把握。反之，如若不改变物质和社会环境，也就不可能改变精神状态。”[2] 加塔利认为有必要建立“生态哲学”（*écosophie*），以便将环境生态学与社会生态学、精神生态学结合起来，为复调的主体性提供了可能性，为“多样性对话”提供了可能性，同时后媒介时代的来临也催生了这种复调的主体性和“多样性对话”。他特别强调了当代主体性的基本特征——复数性、多中心性和异质性，一个个体已是异质性成分的“多样性”，主体性现象不仅体现在个人的界

---

1 Félix Guattari, *Chaosmaose*, Galilée, 1992, pp.28–29.

2 Félix Guattari, *The Guattari Reader*, Oxford: Blackwell, 1996, p.264.

域（身体、自我），体现了多样性界域（家庭、社区和种族），而且还体现在言语、书写、计算和技术机器的所有主体化程序。“与其制造个人与社会的对立关系，不如融合个人与社会之间的复调性交织，因此主体性音乐仍有待于创作。”[1] 复调主体性犹如一曲复杂的叠歌，充满了各种各样的异质性因素，创造了多样性的、多声部的世界。

机器理论是加塔利最重要的理论贡献之一，为他与德勒兹合著《反俄狄浦斯》和《千高原》提供了理论基础。加塔利一直被机器所吸引，并为之着迷，他早在索邦大学读书期间就做过关于机器的课堂报告。他从具体的技术机器出发，重新审视了人与机器的关系，构建了一个纷繁复杂的“机器家族”：欲望机器、游牧机器、战争机器、革命机器，以及他借用乔姆斯基的、重新阐发的“抽象机器”。作为一名反结构主义的、反拉康派的精神分析师，加塔利反对拉康的结构性能指理论，以机器反对结构，以异质性反对同质性，坚持不懈地发展了一种基于主体性生产的、本体论意义上的现代机器论（machinisme），革新了我们对机器和审美的传统观念，走向一种新的审美范式。加塔利曾于 1969 年发表《机器与结构》，阐发了他对结构与机器的基本观点，也成为我们研究其机

---

1 Félix Guattari, *The Guattari Reader*, Oxford: Blackwell, 1996, p.267.

器理论的起点。就结构而言，结构通过彼此相关的指涉系统来设定它的各个要素，而且结构本身还会作为一个要素关联着其他结构，总体化的结构性过程通常束缚了主体，将主体行为含纳在结构之中；而对于机器而言，机器偏离了主体行为，并在技术史上标示出机器的个体发生和种系发生的时间化进程，摒弃了结构性规定的种种关系。

结构与机器的这一区分显然针对拉康的结构性能指理论，批评了拉康式能指的专制特性和化约性特点，指出“能指就是符号论表达的资本化指涉对象、本体论多音性的巨大化约者”[1]。不同于德勒兹，加塔利将能指的理论融入社会政治场域，提出了“能指机器”的概念，由此摒弃了弗里德曼等社会学家所强调的人与机器的异化关系，“机器被转到欲望的中心，人类残留的姿态只不过构建了机器在个体的想象总体性之上的标记场所（le lieu de marquage）”[2]，人与机器不再是对立的异化关系，人与机器的关系反而构成了欲望本身，形成了一种共存共生的关系，由此加塔利将机器与欲望关联起来，开启了从欲望的层面来思考人与机器的关系，从而提出了以生产为中心的、去总体化的欲望机器。他以“能指机器”来反对拉康的“一个能指为另一个能指再现主体”的经典表述，“恰恰从无意识的结构链脱落的能指将会作为再现机

1 Félix Guattari, *Chaosmaose*, Galilée, 1992, p.48.

2 Félix Guattari, *Psychanalyse et transversalité*, François Maspero, 1972, p.242.

器的再现物起作用”，“机器的本质恰恰就是能指脱落的这种运作，能指作为再现物、‘分化者’、因果性中断，相异于结构上确定的事物秩序……作为奇异物的重复，机器构建了主体性不同形式的单义性再现在一般性之于个体的或集体的平面的秩序之中的一种方式，甚至是唯一方式”。[1]这一观点显然受到了德勒兹的启发，加塔利将机器定义为能指脱落的运作，从生产关系的角度来阐发主体性生产，将机器与奇异物的重复联系起来，“其中机器的原理本身摆脱了结构的假设，脱离了种种结构性联系”[2]。

在《反俄狄浦斯》一书中，加塔利和德勒兹开始构建一种以欲望机器为中心的精神分裂分析，将机器定义为“流（flux）的中断的任何系统”[3]。不过他们也开始使用“装配”（agencement）这一概念，出现了“机器性装配”（agencement machinique）、“欲望机器的装配”等概念。从《卡夫卡：为弱势文学而作》开始，他们以“装配”取代“欲望机器”，分析了卡夫卡作品的“装配”，使“装配”成为精神分裂分析的重要概念之一。装配是各种物质关系和相应的符号体制之间的耦合，在横轴上是内容和表达的相互作用，在纵轴上是界域化、再域化与解域化的相互运作。“在第一水平轴上，一个装配具有两个部分，一是内容部分，二是表达部分。一方面，

---

1 Félix Guattari, *Psychanalyse et transversalité*, Françoi s Maspero, 1972, p.243.

2 Gilles Deleuze, *L'Île déserte et autres textes 1953—1974*, Minuit, 2002, p.284.

3 同上书，第 305 页。

它是身体/物体的、行动的、激情的机器性装配，是彼此相互作用的身体/物体的混合；另一方面是表述的集体性装配，关涉到行为和陈述，是被归属于身体/物体的非形体的转化。不过，在垂直轴上，一方面，装配具有那些界域性的方面，或再域化的方面，它们稳定了装配；另一方面装配还具有解域化之点，它们卷走了装配。”[1] 在这一定义中，一个装配存在着两个不同的系列，一是内容或机器性装配，一是表达或表述的集体性装配。两者彼此作用，相互纽结，最终诉诸抽象机器的运作。这一观点源于丹麦语言学家叶姆斯列夫的语符学理论，在一定程度上是对《卡夫卡：为弱势文学而作》“装配”思想的深化和完善，尤其是“机器性装配”成为加塔利探讨机器理论的重要概念之一。

及至20世纪80年代，加塔利重新燃起对机器的理论激情。在各种新理论的激发下，他开始从本体论的角度来阐发机器理论。当时存在着“生机论的”“控制论的”“系统论的”机器论，从不同的维度来认识机器问题。其中系统论的代表人物弗朗西斯科·瓦雷拉（Francisco Varela）将机器定义为“各个组成部分的相互关系的集合”，至于组成部分本身如何无关紧要。瓦雷拉区分了两种机器，一种是“它生产的”机器，生产除自身之外的其他东西；一种是“自创生的”机器，连续孕育着自己的组织及其界限。不过，瓦

1 Gilles Deleuze, Félix Guattari, *Mille plateaux*, Minuit, 1980, p.112.

雷拉把"自创生"的概念留给生物学领域，而将社会系统、技术机器等领域排除在外。在加塔利看来，瓦雷拉的这一区分为机器论提供了一种新视角，也为加塔利的机器理论提供了参照。

加塔利认为"自创生"不仅仅出现于生物学领域，各种社会建制和技术机器表面上属于"它生产"，如若从机器性装配来考虑的话，它们就变成"自创生"的。不仅生物界存在着个体发生和种系发生的问题，而且机器界也具有个体发生和种系发生的问题，正是在这一点上，机器界和生物界实现了重合。从技术发展史的角度来看，各种机器经历了漫长的、异时发生的历史序列，以"块茎"(rhizome)的方式实现了种系发生意义上的演变，由此机器在异质性的机器世界和特殊的本体论的交叉点上实现了自身的奇异化，构成了以各种技术机器、经济机器、国家机器、宗教机器、审美机器和抽象机器为核心的"机器家族"。在个体发生的意义上，各种机器总是出现磨损、故障和不稳定性，不断地更新它们的物质、能量和信息的组成部分，由此人—机器的相异性与机器—机器的相异性错综复杂地联系起来，在不同的组装平面上实现了机器的再生性和奇异性。机器的这种自创生特点使机器摆脱了以异物同形原则为中心的结构，在现实的和潜在的机器相异性中就是一种"非人的"表述、一种原—主体的图表(diagramme)。

一个机器性装配要考虑各种各样的组成部分：(1)物质的和能量的组成部分；(2)符号的、图解的和算术的组成部分(平面、公式、方程、计算，它们促进了机器的制造)；(3)人体的器官、神经冲动、性情的组成部分；(4)个体和集体的信息与心理表象；(5)欲望机器的种种投注；(6)抽象机器。[1]这些不同的组成部分相互规定，相互作用，其中抽象机器发挥着核心作用，在一种力本论的驱使下能够使这些组成部分进行异质化，最终实现本体论意义上的异质发生，实现了机器的自创生功能。我们以锁与钥匙作例子来说明这个问题。钥匙在物质化的、离散的形式与形式化的、图解的形式之间开启了锁，钥匙的剖面和锁的剖面通过一种解域化的光滑构成一个机器性装配。这种机器性装配使锁和钥匙之间的关系不再是结构性的、同一性的，而是异质性的、相异性的。在这一点上，加塔利拒绝了拉康基于索绪尔符号论的结构主义精神分析，而是走向了基于皮尔斯符号学的非能指理论，由之排斥形式化的主体性，探索一种过程性的、异质性的机器性装配。

作为一名精神分析师，精神分析实践是加塔利哲学思考和审美研究的发源地，他批评精神分析自弗洛伊德以来的科学取向，试图构建一种基于主体性生产的审美范式。如果说结构主义突出了同质性的结构，是为了探求一种科学范式，那么加塔利拒绝结构探求机器就是为了探求一种以感受（affect）为中心的审美范式。科学范式突出了一个关系和功能的对象世界，搁置了主观的

---

1 Félix Guattari, *Chaosmaose*, Galilée, 1992, p.55.

感受，而审美范式突出了感受和知觉物，越来越偏离既定的结构和等级秩序，走向了多样性和异质性，强调了主体性生产。由此，加塔利提出了三种与主体性生产密切相关的表述装配——“表述的辖域化装配”、“表述的解域化装配”和“表述的过程性装配”，建立了一种与机器性装配相对应的、表述的“装配谱系学”。总体来看，表述的辖域化装配大致对应于前现代社会，关系到一种原—审美的范式和集体的辖域化的主体性，出现了复调的、块茎的价值化；表述的解域化装配大致对应于现代社会，构建了超验自律的真、善、美、资本，关系到主体性的个体化，出现了两极化和等级结构；而表述的过程性装配对应于未来社会，具有了审美范式的机器性维度、过程性维度和自创生维度。

在加塔利看来，过程性装配对新的审美范式尤为重要。“过程性装配与其说使审美范式边缘化，倒不如说从价值的其他世界来看赋予审美范式一个横贯性的核心位置，由之过程性装配以自己的方式强化自创生的融贯性的、神创论的发生源。”[1] 自文艺复兴以来，各种艺术运动不断地冲击着艺术审美的界限，更新了艺术的表达质料以及感受与知觉物的本体论结构，实现了突破性的审美创造，而这种新的审美范式关联着存在的发生源和自创生机器，并与科学范式和伦理范式一起发挥作用。这种过程性审美范式之

---

1 Félix Guattari, *Chaosmaose*, Galilée, 1992, p.147.

所以通过技术科学来构建，乃因为技术科学的机器语群本质上是创造性的，与艺术过程的创造性相连接，于是一种审美机器开始发挥作用，摒弃了有关机器的种种机械论幻觉。“在我所理解的意义上，机器论意味着一种自创生—创造的和伦理—本体论的双重过程（‘选择的质料’的存在），这种双重过程与机械论是完全不相关的。”[1] 加塔利由此对审美范式进行了本体论思考，认为艺术创造是一种“混沌互渗”（chaosmose），经由有限性通向了无限性，体现了这种过程性审美范式的基本特性。“混沌互渗”绘制了审美范式的本体论状态，体现了主体性的自创生性和机器性过程，创造了主体性生产的“存在之域”。“混沌互渗”不是混沌本身，而是处于有限性与无限性、混沌与复杂性之间，是一个潜在的、无限的起源平面，是主体性生产的能量和物质的平面，成为审美范式的发生源。这种审美范式不仅突出了自创生特点，而且在本体论的层面上强调了过程性装配的创造特性。

如何根据这种过程性审美范式和“混沌互渗”来理解艺术，这成为加塔利探讨的重要问题。“‘混沌互渗’在艺术作品中的体现，作为潜在性与实在性之维，有限性与无限性的内在性意味着新问题：不是‘它是什么？’，而是‘它做什么？’或者‘它生成什么？’不是‘它再现什么东西或思想？’而是‘它体现或表达了什么样

1 Félix Guattari, *Chaosmaose*, Galilée, 1992, p.150.

的潜在性宇宙？’”[1]加塔利之于“混沌互渗”的发问不再是“是什么”的希腊式发问，而是凸显了“混沌互渗”如何运作的问题。艺术与哲学、科学一样，是混沌的“三个女儿”，是“类混沌”。艺术家与哲学家、科学家一样都在“绘制混沌”。哲学家从混沌带回来的是“变式”（variations），科学家从混沌带回来的是“变量”（variables），艺术家从混沌带回来的是“变种”（variétiés）。“艺术不是混沌，而是提供视觉或感觉的混沌的组合。因此，艺术是混沌界（chaosmos），正如乔伊斯所说的那样，是被组合而成的混沌——既不是可预料的也不是可预想的混沌。艺术把混沌的可变性转换为类混沌的变种。”[2]实际上这种“类混沌”就是自创生排列的第二种褶皱，具有强烈的主动性、创造性和过程性。“朝向创造性的这种本体论根源的张力才是新的过程性范式的特点。”[3]

纵观菲利克斯·加塔利的一生与思想，他积极参加各种实践活动，游牧在精神分析、哲学、政治、美学、文学等诸多领域，以其独特的行事方式与思考方式批判了以能指的霸权为中心的结构主义，摒弃了以科学范式为指向的精神分析，追求一种以审美范

---

1　Stephen Zepke, *Art as Abstract Machine:Ontology and Aesthetics in Deleuze and Guattari*, New York and London: Routledge, 2005, p.155.

2　Gilles Deleuze, Félix Guattari, *Qu'est-ce que la philosophie?*, Minuit, 1980, p.192.

3　Félix Guattari, *Chaosmaose*, Galilée, 1992, p.161.

式为指向的精神分裂分析，实现了从结构向机器、从科学范式向审美范式的转变，革新了我们对结构与机器的认识，突出了主体性的复调性、过程性和自创生性，引导我们走向一种基于主体性生产的审美范式。他一生孜孜不倦地工作于拉博德诊所。1992年8月，他心脏病突发，倒在了拉博德诊所，溘然长逝，年仅62岁。噩耗传来，亲友们为之惋惜，感慨命运的不公。在纪念加塔利的文章中，德勒兹缅怀好友的思想，高度评价了加塔利的独特贡献，他写道："菲利克斯的著作有待发现或有待重新发现。这是让菲利克斯活着的最好方式之一。"[1]

1 Gilles Deleuze, Pour Félix, in *Deux régime de fous*, Paris: Minuit, 2003, p.358.

甲板地面，船舷上，海面上，随着太阳在天空的运行和轮船的航行，一种读不懂的、令人心碎的字迹慢慢显示，显示，然后同样缓慢消失。它是阴影、尖端、断裂的光线组成的变幻不定的角度和三角形，跟着海浪的倒伏而坍塌。然后不知疲倦地，重新形成，继续存在。

——玛格丽特 · 杜拉斯[1]

1 *L'Amant de la Chine du Nord*, Gallimard, 1991, pp.218–219。（译文参见《中国北方的情人》，施康强译，上海译文出版社，2011 年，第 281—282 页。——译者注）

第一章

# 论主体性生产

如同我的政治介入与文化介入一样，我在精神治疗领域 11
中所从事的职业活动，在主体性为个体的、集体的和建制的审级（instance）[1]所生产的范围内，促使我越来越强调主体性（subjectivité）。

从生产的角度来思考主体性丝毫不意味着回归二元规定的传统系统：物质基础—意识形态上层建筑。促使产生主体性的各种各样的符号记录（registres sémiotiques）没有保持永远固定的、不可避免的等级关系。例如，经济符号化可能会突然变得很依赖集体的心理因素，就像人们凭着股票交易指数之于舆论变动的敏感

---

1　审级（instance）系弗洛伊德用于描述兼具动力论与拓扑论的精神装置概念框架，指各种不同的次结构，如检禁审级、超我审级。详细解释请参见拉普朗虚、彭大历斯：《精神分析辞典》，沈大中、王文基译，台湾行人出版社，2000年，第218页。另外，instance还有“要求”“诉求”之意，译者将根据不同的语境采取不同的语义。——译者注

12 性所能观察的一样。其实，主体性是复数的（plurielle）和复调的（polyphonique），此乃借用了米哈伊·巴赫金（Mikhaïl Bakhtine）的表达方式。根据单义的因果关系，主体性一点都不了解规定性的、可引导其他审级的主导性审级。

至少有三种问题促使我们扩大主体性的定义，以便超越个人主体与社会之间的经典对立，并且有时候甚至促使我们修改当前流行的**无意识**的诸模型：一是主体性因素向最前沿的现实侵入；二是主体性的种种机器性生产的大发展；最后是对那些与人类主体性有关的行为学观点和生态学观点的最新强调。

主体性因素在**历史**的发展过程中始终占据着重要地位。然而，自从主体性因素被世界性的大众媒体传播以后，它们似乎正发挥着决定性的作用。如同在匈牙利或波兰所发生的事情一样，恰恰集体的存在论突变将会占据优势！尽管如此，大规模的主体化运
13 动未必就会走向解放。十多年来，伊朗人民经历了一场规模宏大的主体性革命，这场革命局限于宗教的拟古主义和整体上保守的社会态度——尤其是对女性条件的关注（这在法国是敏感问题，因为非洲马格里布地区发生的事件以及对移民区女性的这些压抑性态度所产生的反响）。

在东欧国家，铁幕的降落不是在武装起义的压力下发生的，而是通过巨大的集体欲望的晶化发生的，而这种集体欲望摧毁了后斯大林时代极权体系的精神基质。这是一个极具复杂性的现象，因为它把各种解放的渴望与民族主义、伦理和宗教方面的倒退、

保守甚至法西斯主义的欲力(pulsion)掺杂在一起。在这场政治风暴中，中欧国家和东欧国家的人民如何克服资本主义西方世界给他们留下的、直到现在还存在的剧烈的失望情绪？**历史**将会告诉我们这一点：尽管是一段可能承载着令人诧异的种种缺点的**历史**，但是，这难道不也正是一段孕育着社会斗争今后复兴的历史吗？相比之下，海湾战争造成的死亡人数多么巨大呀！关于这一点，人们几乎可将此与种族大屠杀相提并论，因为这场战争导致了对伊拉克人所实施的屠杀，死亡总人数令人震惊不已，比1945年投到广岛和长崎的两颗原子弹所造成的伤亡人数要多得多。随着时间的流逝，这场战争输赢的关键显然是一种制服阿拉伯人与夺回世界舆论的企图：这应当证明了美国佬式的主体化道路是可 14
以被媒体和军队的联合力量所强加的。

通常，人们会说当代史越来越被有关主体的奇异性的各种诉求的高涨操纵着——语言的争论、自治的诉求、民族独立问题和民族国家问题，一方面这些问题以完全模棱两可的方式表达了民族解放的渴望，另一方面这些问题又在我所称谓的主体性的种种保守性的再域化之中表现出来。对主体性的某种普遍主义的再现(体现为东西方资本型的殖民主义)破产了，如若这样一种失败所造成的各种后果的影响范围还不能被充分估量的话，如今，众所周知，在阿拉伯和伊斯兰国家出现的宗教激进主义的高涨不仅能够对国际关系，而且还能够对数亿人的主体结构(économie subjective)产生难以估计的后果。第三世界国家（南方各国）混乱而又诉求高涨的整个问题域就这样被打上了令人恐慌的问号。

就目前的情况看，社会学、经济学、政治学和法律研究似乎相当糟糕地被武装起来，用以解释这样一种以下两者的混合：一是对文化传统拟古式的眷恋，二是对技术和科学的现代性的渴望，
15 这种混合构成当代的主体性混合的特点。就自身而言，传统的精神分析几乎没有被更好地定位，以便来应对这些问题，因为它的方式就是将社会事实化约为心理机制。在这些条件下，去想象主体性更具横贯性的观念似乎是恰当的，而这一观念既可以保证其特异的辖域化的种种联接（**存在之域**，Territoires existentiels），又可以保证它向具有社会文化意蕴的价值系统（**无形世界**，Univers incorporels）开放。

在心理学意义上的主体性之外，人们应该掌握大众传媒、信息技术、计算机通信技术和机器人技术的符号产品吗？我不这样认为。就像我们归于“集体装置”（Équipements collectifs）的一般范畴之下的社会机器一样，信息和通讯的技术机器运行于人类主体性的中心，不仅运行于人类的记忆、智能的深处，而且也运行于人类的感性、感受与无意识幻想的深处。对主体化的这些机器性维度的思考促使我们在重新定义的尝试中强调那些装配主体性生产的组成部分的异质性。由此我们从中找到：(1)能指的符号论的各种组成部分，它们要通过家庭、教育、环境、宗教、艺术、运动等显示出来；(2)被媒介产业、电影等制作的种种要素；(3)非能指

的符号论的种种维度，它们启动符号的信息机器，平行或独立于 16
这样的事实而运行——它们生产和传递意指（des significations）
与本义（des dénotations），并因此逃离了语言学特有的公理系统。
结构主义思潮既没有将自律性也没有将特异性提供给这种非能指
的符号体制，尽管茱莉娅·克里斯蒂瓦（Julia Kristeva）或雅克·德
里达（Jacques Derrida）等作者给这类组成部分的相对自律性提
供了某种清晰的阐释。但是，总体来说，言语活动的非能指构造
被化约为我所谓的“符号机器”（des machines de signes），化约为
语言（la langue）之言语活动的、意指的构造。这一点在罗兰·巴
特（Roland Barthes）的著作中表现得尤为突出，他将言语活动的
要素、叙述性的切分成分与**表达**的辞格联系起来，而且他赋予语
言符号论（sémiologie）在全部符号学（sémiotique）中的首要地
位。以结构主义思潮的名义来使与心灵（psyché）相关的一切东西
唯独听命于语言学意义上的能指，这是一个多么严重的错误！技
术变革迫使我们考虑一种有关主体性的普遍化的与化约论同质化
的趋向，同时也要考虑异质性趋向，也就是强化主体性的组成部
分的异质性和奇异化。由此“计算机辅助设计”（l'assistance par
ordinateur）导致了那面向意想不到的、可塑的**世界**敞开的影像生
产，例如我想到了具有图形调色板的玛塔计算机（Matta）的工作，
或者找到了数学问题的解决方法，甚至在几年前，这些数学问题
确实是不可想象的。不过我们还必须警惕进步主义的任何错觉，
或者一贯悲观主义的任何幻象。主体性的机器性生产可以向更好 17

的方向努力，也可以向更坏的方向作恶。存在着一种反现代主义的态度，它激烈地排斥技术革新，尤其是与信息革命有关的技术革新。我们既不能积极地也不能消极地来判断这样一种机器的演变，一切都取决于这种演变与表述的集体装配有关的衔接。最好的就是新的指涉世界（Univers de référence）的创造、创新；最坏的就是当前几十亿个体不得不面对的、令人昏头昏脑的大众媒介化。与这些新领域的社会实验相结合的技术演变可能会使我们摆脱当前的压迫时期，并使我们进入一个以媒介使用的再适应和再特异化为特点的后媒介时代（进入数据库、录像库、参与者之间的交互性等）。

对主体性进行复调的和异质的理解的相同运动促使我们考虑某些有关行为学和生态学方面的当代研究。丹尼尔·斯泰恩（Daniel Stern）在《婴儿的人际世界》（*The Interpersonal World*
18 *of the Infant*）[1]一书中出色地探索了婴儿前言语阶段的主体形成问题。他指出，问题根本不在于弗洛伊德意义上的“各个阶段”（stades），而在于整个人生的发展过程中并行保持原状的主体化的诸层面。因此，他抛弃了弗洛伊德学派所提出的各种情结的心

---

1 Daniel Stern, *The Interpersonal World of the Infant*, Basic Book, Inc. Publishers, New York, 1985。法译本参见：*Le Monde interpersonnel du nourrisson*, P.U.F., Paris, 1989。后面引述部分参见该书第 94—97 页。

理发生的、被过分吹捧的特点，而这些情结被阐述为主体性的结构性“**共相**”（Universaux）。再说，他一上来就强调婴儿早期体验所固有的跨主体的特点，这些体验没有把自我感觉与对他人的感觉区分开来。“可共享的感受”（affects partageables）与“不可共享的感受”（affects non partageables）之间的辩证法就这样建构了主体性的各个突现阶段。新生状态的主体性，我们将不断地在梦、谵妄、创造性兴奋或者爱情中重新发现它。

社会生态学和精神生态学在建制性精神治疗的实验中找到了那些特许的探索地点。我当然想到了拉博德诊所（la clinique de La Borde），我在那里工作好久了，一切工作在那里都运行得井然有序，以便精神病患者生活在一种有活动的和承担责任的氛围之中，这一氛围不仅要实现培育交流气氛的目标，而且还要创造集体主体化的局部的发生源。因此，问题不在于对患者的主体性进行简单的重塑——正如主体性先于精神病危机而预先存在的那样——而在于一种独特的生产。例如，某些精神病患者来自
穷困的农村地区，他们将被引导着从事造型艺术、戏剧表演、影 19
像拍摄、音乐演奏等，而这些领域直到那时对他们来讲仍是陌生的。官僚、知识分子反而会觉得自己被物质劳动吸引了，他们喜欢到厨房、花园、陶器工作室、马术俱乐部工作。这里重要的不是去单独地面对一种新的表达质料，而是要建构主体化的各种情结：个体—群体—机器之间的多样性交流。实际上，这些情结向个人提供了多样化的各种可能性：重构一种存在论的肉身性

（corporéité），摆脱它的重复性困境，并以某种方式使自身重新特异化。移情（transfert）的各种嫁接就这样发生了，它们不是从被晶化于结构化情结的主体性的“现成的”（déjà là）维度开始着手，而是从一种创造开始着手，并且它们就这样取决于一种审美范式。人们创造了主体化的新形态，就像造型艺术家从他所掌握的调色板上创造新形式一样。在这样的背景下，最异质的组成部分能够促进病人的积极变化：与建筑空间的联系，经济关系，在治疗的不同向量的患者与护理者之间所进行的共同管理，对向外部开启的全部机会的掌握，事件的“奇异性”的过程性开发；有助于创造与他者真实联系的一切东西。在护理机构的这些组成部分之中，与每一种组成部分相对应的是一种必不可少的实践。我们面对的不是一种作为自在（en-soi）给予的主体性，而是自律性或自创生
20 （autopoïèse）得以实现的各种过程（在某种与弗朗西斯科·瓦雷拉所赋予这一术语之意义有点偏离的意义上[1]）。

现在让我们来考虑一个在家庭精神治疗领域中关于心灵的行为学诱因和生态学诱因的例子。我们可以从如下一种思潮中获得这个例子：这一思潮围绕着马尼·埃尔坎（Mony Elkaim）来试图摆脱盎格鲁–撒克逊国家和意大利流行的系统论的影响。[2] 这

---

1 Francisco Varela, *Autonomie et Connaissance*, Le Seuil, 1989.

2 Mony Elkaim, *Si tu m'aimes, ne m'aime pas*, Le Seuil, 1989.

里治疗的创新性还使我们远离科学范式，以便使我们接近一种伦
理—审美范式。治疗者介入，冒着种种风险，调动他自己的幻想，
并创造一种存在论的本真性的矛盾氛围，伴以自由自在的游戏与
拟像（simulacre）。家庭治疗以最人为的方式来生产主体性。当
治疗者聚集起来即兴表演心理剧的场景时，人们可以在训练课程
期间观察到这种氛围。场景在这里意味着一种表述的分层：一
种作为具体化身的自我本身的幻觉，一个兼做陈述主体（sujet de
l'énoncé）和角色分配的表述主体（sujet de l'énonciation）[1]，游戏
的集体管理，与场景的解说者的对话，最后是通过反馈的方式来
修复所有这些重叠层次的录像凝视（regard vidéo）。这种表演有
助于抛弃"现实主义的"态度，这种态度可能会把生活场景理解为 21
那些真正体现于家庭结构之中的系统。这种多方面的戏剧角度可
以把握主体性生产的人为的、神创论的（créationniste）特点。必
须强调的是，录像凝视的审级时刻萦绕着治疗者的幻觉。即使摄

---

1 Énonciation 和 énoncé 来自法国语言学家本维尼斯特的区分，他首先使用 énonciation 来研究话语（discours）在特定社会语境中的运作，是指与时间和空间相联系的讲话行为，énoncé 是指这一讲话行为的结果。拉康借鉴了本维尼斯特的区分，将 énonciation 与无意识、énoncé 与意识联系起来，提出了分裂的主体——表述主体（sujet de l'énonciation）和陈述主体（sujet de l'énoncé），显然加塔利是在这一理论谱系中使用了这两个术语，而且在他的思想体系中特别强调 énonciation，并提出了表述装配（agencement d'énonciation）理论。按其本义，énonciation 译为"表述行为"，sujet de l'énonciation 译为"表述行为的主体"，énoncé 译为"表述内容"，sujet de l'énoncé 译为"表述内容的主体"。鉴于汉语的表达习惯和区分原则，译者将 énonciation、énoncé 分别译为"表述""陈述"，将 sujet de l'énonciation 译为"表述主体"，将 sujet de l'énoncé 译为"陈述主体"。——译者注

像机处于关机状态，治疗者们也习惯去观察某些逃离日常目光（regard ordinaire）的符号症状。这种游戏的、与患者面对面的接触，对由这种疗法发展起来的种种特异性的接纳，以迂回的面孔与精神分析师的态度划清界限，甚至与经典的心理戏剧表演划清界限。

不管我们转向当代史、机器性的符号生产，还是儿童行为学、社会生态学和精神生态学，我们同样也会质疑主体的个体化（individuation），这种个体化当然继续持存，不过受到表述的集体装配的影响。在这个阶段，我将会提出主体性最具包容性的临时定义："使下述情形成为可能的全部条件——个体的与/或集体的审级有可能涌现为自指涉的**存在之域**，后者与一种主观的相异性（altérité）自身相毗邻，或者与之具有划界关系。"我们知道，在某
22 些社会的和符号论的语境中，主体性变成个体化的；被认为要对自己负责的个人将自己定位于家庭惯例、地方习俗和法律条例等内容所支配的相异性关系之中。在其他条件下，主体性变为集体的，这并不意味主体性因此就唯独变成社会性的。"集体的"这一术语在这里必须在多样性的意义上被理解，而这种多样性铺展开来，既超出社会场域一侧的个体，又不及前言语的强度一侧的个人，而这种强度依赖一种感受的逻辑，而非一种被充分限制的集合的逻辑。

因此，在这种重新定义中所概述的种种**生产条件**共同蕴含着言语活动所表达的人类主体间性的诉求（instance）、隶属于行为

学的暗示的或认同的诉求；具有不同本性的建制性交互作用、机器装置（例如那些借助于计算机辅助技术的装置）；无形的**指涉世界**（例如那些与音乐和造型艺术有关的世界）。主体性这一非人的、前个人的部分是必不可少的，因为恰恰从这一部分开始才能培育主体性的异质发生。有人无缘无故地批评德勒兹和福柯，强调了主体性的非人部分，并怀疑他们采取反人道主义立场！问题还不在于此。更确切地讲，这里涉及的问题是惧怕主体化的各种机器的存在，而这些机器不仅仅在"灵魂的各种官能"（facultés de l'âme）、人际关系或家庭内部的情结之中运行。主体性被制造不 23
仅要通过精神分析的心理发生阶段或**无意识**的数元（mathème），而且还要在社会的、大众媒介的或语言的大型机器中进行，这些大型机器不能被描述为是具有人性的。某种平衡有待在结构主义的各种发现（当然不是可忽略的）与它们的语用学的应用（gestion pragmatique）之间寻到，以便不会陷入后现代社会的遗弃型神经症（abandonnisme）之中。

凭着**无意识**的概念，弗洛伊德假设存在着一个心灵的隐蔽性大陆，欲力的、感受的和认知的各种取舍在这一大陆中间发挥着很重要的作用。如今我们不能把**无意识**的各种理论与参照它们的精神分析的、精神治疗的、建制性的和文学的种种实践分开。**无意识**变成了一种建制，一种在宽泛意义上被理解的"集体装置"。人们一做梦，一出现谵妄、遗忘或口误等，就会觉得自己隐藏着无意识。不容置疑的是，弗洛伊德的发现——我宁愿称之为发明——丰富了我们如今可以研究的心灵的角度。因而，我在这里绝不是贬义地讨论发现！正如基督徒发明了一种主体化的新程式，谦恭有礼的骑士风度和浪漫主义发明了一种新爱情、新本性，布尔什维克主义发明了一种新的阶级感情，各种弗洛伊德派别酝酿出一种感觉到甚至产生下述内容的新方式：歇斯底里症、幼稚
24 的神经症、精神病、家庭冲突性、神话阅读等。弗洛伊德意义上的**无意识**本身在它的历史发展过程中也发生了演变，它失去了其起源的沸腾的丰富性和令人不安的无神论，而且它重新聚焦于自我分析、社会适应，或者按照结构主义的说法，它重新聚焦于对能指秩序（ordre signifiant）的遵从。

我的角度在于使人文科学和社会科学从科学范式转向了伦理—审美范式。问题不再是懂得是弗洛伊德的无意识还是拉康的无意识给心灵的诸问题提供科学的回答。这些模型只不过在其他模型中间以主体性生产的名义被考虑，其他模型既与促进它们发展的技术和建制的装置密不可分，又与对精神病学、大学教学或大众媒介的影响密不可分……人们不得不以更一般的方式来假定每个个体、每个社会群体都传递自己的主体性的模型化系统，也就是某种由认知的基标以及神话的、仪式的和症状学的基标组成的制图术（cartographie），从这种制图术出发，他随着他的感受、焦虑的变化来定位自身，并尝试着处理他的抑制与欲力。

精神分析治疗使我们面对大量的制图术：精神分析师的制图

术与精神分析对象的制图术，还有家庭的制图术、邻里之间的制
图术等。正是这些制图术的相互作用，将它们的体制提供给不同 25
的主体化装配。任何一种制图术，无论它是幻想的、谵妄的，还是理论的，我们都不能说它表达了一种对心灵的客观认识。就其支撑主观情境的某种语境、某种背景、存在论框架而言，所有制图术都是重要的。我们的疑问在这里不仅仅属于思辨的领域，而是从非常实际的角度提出来的：针对精神分析的“市场”（marché）向我们提出的**无意识**的诸概念，它们适应主体性生产的现实条件吗？必须改造这些概念吗？必须发明新概念吗？对模型化（更确切的是心理的元模型化）的这种质疑致使我们去估计这些制图术工具、这些来自精神分析和系统论等领域的概念的功用。我们可以根据科学的要求把这些概念用作专属的广泛阅读的栅格（grille），或者用作与其他概念搭配的部分工具，哪怕最终的标准是属于功能领域的。何种过程会发生在一种受非同寻常的休克所影响的意识中？当周围的世界进行激烈的突变时，如何调整思维方式、理解能力？当外部世界自身正在变化时，如何改变它的种种表象？弗洛伊德学派的**无意识**与一种社会密不可分——这种社会眷恋于它的过去，眷恋于它的男权主义传统，眷恋于它的主观的不变量。当代社会的动荡不安大概吁求一种进一步转向未来
的模型化，并要求出现新的社会实践和审美实践。生活意义的贬 26
值促使自我形象（image du moi）的分裂：它的表象变得混乱不堪、自相矛盾。面对这些剧变，最好的态度就是在一种有关个体

与群体的辩证关系中考虑制图术与心理模型化的工作；重要的是转向主体性生产的共同管理，不再相信精神分析治疗中占据如此重要地位的权威、暗示的态度，且不管精神分析声称要逃避这类态度。

很久以前，我抛弃了弗洛伊德学派拓扑学的**意识—无意识**的二元论，并抛弃了与俄狄浦斯情结的三角构造与阉割情结相关的全部二元论的对立。我选择了这样一种**无意识**：它重叠了多样的主体化叠层，也就是具有可变的外延与融贯性（consistance）的异质性叠层。因此，这是一种更加“精神分裂症”的**无意识**，它从家庭至上主义的镣铐中解放出来，与其说转向了对过去的眷恋与回归，不如说转向了当前的实践。这是关于**流**与抽象机器的**无意识**，而不是关于结构与语言的**无意识**。然而，我没有把我的“**精神分裂分析的制图术**”（cartographies schizoanalytiques）[1]看作科学理论。正如艺术家从他的前辈和同代人那里借鉴那些适合他的线条，我同样也劝说那些读过我著作的人可以自由地接受或拒绝我的概
27 念。重要的不是最终的结果，而是这样一种事实：多成分的制图方法能够与主体化过程共存，由此可能使主体性生产方法的重新占用、自创生成为可能。

当然，我没有把精神病看作艺术作品，也没有把精神分析

1 Félix Guattari, *Cartographies schizoanalytiques*, Galilée, Paris, 1989.

师看作艺术家！我只是强调这里有关的存在论记录（registres existentiels）介入美学范畴的自律性维度。我们面对着一种关键性的伦理选择：我们或者将主体性客观化、具体化、“科学化”，或者与之相反，试着在其过程的创造性的维度中把握主体性。康德曾证实鉴赏力判断使主体性及其与他人的关系卷入一种“非功利”（désintéressement）的态度之中。[1]但是，光把自由和非功利的范畴称为无意识美学的基本维度是不够的，不过阐明它们融入心灵的积极方式是合适的。某些符号学的切分成分如何获得它们的自律性？如何为了它们自己的利益开始运行？如何开始酝酿新的指涉场域？正是从这样一种断裂开始，一种与新的自由系数的发生相关的、存在论的奇异化才会变得可 28
能。伦理—审美的“**部分对象**”（objet partiel）与主导性意指场域的这种分离同时与突变性欲望的促发和某种非功利的完善相一致。这里，我想在“部分对象”或对象“a”的概念（正如它被拉康所理论化的那样，突出了无意识主体性的组成部分的自律化）与那种和审美对象有关的主观自律化之间建立一种联系。我在这里重新发现了米哈伊·巴赫金的问题域。在他1924年发表

---

1 “人可以说：在这三种（对于快适、美和善的）愉快里只有对于美的欣赏的愉快是唯一无利害关系的和自由的愉快；因为既没有官能方面的利害感，也没有理性方面的利害感来强迫我们去赞许。”Emmanuel Kant, *Critique de la faculté de juger*, Vrin, 1986, pp.54–55。［中译本参见康德：《判断力批判》（上卷），宗白华译，商务印书馆，1964年，第46页。——译者注］

的第一篇论文[1]中，他通过认知的或伦理的内容的自律化以及这一内容在审美对象中的完善来突出审美形式的表述的适应功能，我将其描述为**部分表述者**（énonciateur partiel）。我试着将毗邻于身体（欲力的交织点）的精神分析的部分对象引向一种部分表述（énonciation partielle）。凭着包含于对象“a”之中的目光与声音，拉康促进了对部分对象的观念的扩展，这一工作应该继续进行。重要的是创造一个范畴去涵盖主体自律化的全部发生源，后者与群体主体有关，与（机器性的、生态的、建筑的、宗教的……）主体性生产的各种诉求有关。巴赫金描述了作者与作品的沉思者
29 （马塞尔·杜尚意义上的“观看者”）之间进行的主体化移情。在这一运动中，根据巴赫金的观点，“消费者”可以说变成了共同的创造者；因为审美形式只有通过孤立或隔离的功能的迂回方式才能取得这一结果，以便表达质料在形式上变成创造性的。作品的内容脱离了认知和审美的隐含意义：“孤立和隔离不是针对材料，不是针对作为实物的作品而言的，而是针对作品的意义、内容而言的；作品内容从它与整个自然界、整个存在的伦理事件之间的某些必然联系中脱离出来。”[2]因此，正是某种内容的碎片“占有了作

---

1 “Le problème du contenu, du matériau et de la forme dans l’œuvre littéraire ”, in *Esthétique et théorie du roman*, Gallimard, 1978.［中译本参见《文学作品的内容、材料与形式问题》，载巴赫金：《巴赫金全集》（第一卷），钱中文主编，晓河等译，河北教育出版社，1998 年，第305—373 页。——译者注］

2 同上书，第 72 页。［中译文可参见巴赫金：《巴赫金全集》（第一卷），钱中文主（转下页）

者”，以便产生审美表述的某种方式。在音乐中，巴赫金强调了这一点，孤立和创新不能在价值论上与材料有联系：“孤立的不是发声学上的声音，虚构的也不是布局序列上的数学上的数字。被隔离的、虚构而不可逆转的是对事件的追求，是对价值内涵的专注情绪；这种专注的张力因隔离而毫无阻碍地消解，成为平和而完成的东西。”[1] 在诗歌领域中，为了实现自身分离、实现自身自律化、实现自身完善，创造的主体性更喜欢抓住：

1. 词语的声音方面，也就是它的音乐方面；

2. 词语的物质意义及其细微差异和变体；

3. 词语的口语联系的方面； 30

4. 词语的语调方面、情感方面和意志方面；

5. 积极产生能指声音的言语活动的感觉，包括发音、手势和模仿的动作要素；运动的感觉，其中整个机体与词语的活力和灵魂得以实现它们的具体的统一。

而且恰恰就是巴赫金所谓的这最后一方面包含着其他四个方面。[2]

这些透彻的分析能够促进我们对部分主体化的广泛研究。我们同样在巴赫金的著作中寻到了审美对象不可逆性

---

（接上页）编，晓河等译，河北教育出版社，1998 年，第 360 页。——译者注]

1　同上书，第 74 页。（中译本参见同上书，第 361 页。——译者注）

2　中译本同上书，第 363 页。——译者注

（irréversibilité de l'objet esthétique）的理念和暗含的自创生的理念——这些在对**无意识**形成的分析、教学法、精神病学的场域中，更普遍地在遭受资本的主体性蹂躏的社会场域中是真正必要的观念。因此，甚至不是在音乐和诗歌的语境中，我们才看到这样一些与内容分离的碎片起作用，我将这些碎片置于“**存在性迭奏**”（ritournelles existentialles）的范畴之下。主体化方式的复调性实际上符合许多“合节奏”（battre le temps）的方式。其他韵律研究就这样促使存在装配进行晶化，它们体现了这些装配，并使之奇异化。

限定**存在之域**的迭奏的最简单的情况能够在许多鸟类的行为
31 学中找到。歌唱的某些特定顺序有助于诱惑性伙伴、警告入侵者，或者宣布食肉动物的到来……[1] 每次，都涉及要界定一个明确规定的功能空间。在古代社会中，正是从节奏、歌唱、舞蹈、面具以及身体、地面和图腾上的各种标记开始，正值仪式期间，并通过神话的指涉对象，其他种类的集体的存在之域才可以被划定。[2] 人们可以从各个“州”（nomes）重新找到希腊古代文化中的这类迭奏，而这些“州”几乎可以说为专业行会指定了不同的“音调”（indicatifs sonores）、旗帜和印章。但是，我们当中的每个人都了解这类主观

1 Félix Guattari, *L'Inconscient machinique*, Recherche, Paris, 1979.

2 梦在澳大利亚土著人的神话制图术中的角色，参见 Barbara Glocewski, *Les Rêveurs du désert*, Plon, 1989。

的、由催化的时间模块引发的界限跨域，而这一时间模块将使我们陷入痛苦之中，或者陷入欢欣愉快和生机勃勃的氛围之中。通过迭奏这一概念，我们追求的目标不仅是大量的感受，而且是超复杂的迭奏，后者催化**无形世界**的发端，诸如音乐的世界或数学的世界，并使最具解域化的**存在之域**晶化。这种横贯性的迭奏避开了严格的时空划限。伴随着这种迭奏，时间不再是外在的，以 32
便变成时间化的强度的发生源。从这一视角看，普遍的时间只不过表现为假定的投射、一般等价物的时间、"扁平化"的资本时间；因为重要的就在于部分时间化的这些模块，它们运行于各个领域（生物学的、动物行为学的、社会文化的、机器的、宇宙的……），从这些领域开始，复杂的迭奏构建了高度相关的存在论意义上的共时性。

为了阐明**复调的主体性生产的这种方式**，其中**复杂的迭奏**发挥着主导性作用，那么让我们思考电视消费的例子。当我看电视时，我存在于下列各点的交叉口上：(1)感知的诱惑力，这种诱惑力是由设备的光学扫描引起的，并近乎催眠现象[1]；(2)与节目的叙述内容同步的捕获关系，而这一内容与一种对周围事件的旁侧警惕性有关（煤气炉上沸腾的水、孩子的哭声、电话……）；(3)萦绕我白日梦的幻想世界……我的个人同一性的感觉就这样被拉扯到

1 关于催眠和暗示的重新审视，参见 *Le cœur et la raison. L'Hypnose en question de Lavoisier à Lacan*, Léon Chertok et Isabelle Stengers, Payot, Paris。

不同的方向。不管横贯我的主体化的组成部分如何多样，我怎么
33 才能保持一种相对的独特感取决于把我固定在屏幕前的这种迭奏化，屏幕从那时起被构建为投射的存在论意义上的纽结。我就是那个电视前的人。我的身份变成了说话者，是电视机里说话的人物。像巴赫金一样，我想说的是迭奏没有立基于形式、物质或日常意指的诸要素，而是立基于存在论意义上的“动机”（或主旨）的分离，而这一动机像“吸引子”[1]一样建立于可感的、意指的混沌的深处。不同的组成部分保存它们的异质性，不过被缠住自我的**存在之域**不放的迭奏所捕获。在神经症的同一性的情况下，迭奏有时表现为“僵化的”再现，例如一种强迫症的仪式。假如这种主体化机器出于任何理由被威胁，那么正是整个人格能够进行内爆；这是精神病中出现的情况，其中部分组成部分沿着谵妄的、幻觉的线消失……在精神分析治疗中，复杂迭奏的这一矛盾概念能够把一个解释性事件不再归因于**共相**或数元，也不归因于主体性的预定结构，而是归因于我所称谓的“**世界**的星座”（constellation d'Universes）。这一般不涉及**指涉世界**，而是涉及无形实体

---

1　在运动系统研究中，吸引子是指这样一种集合或空间，当时间趋向于无穷大的时候，系统以不可逆的方式朝向这一集合或空间长期演化。吸引子通常分为平庸吸引子和奇异吸引子。平庸吸引子具有不动点、极限环和整数维的环面三种模式，分别对应于非混沌系统中的平衡、周期运动和概周期运动三种有序稳态运动。例如一个钟摆系统，它有一个平庸吸引子，这个吸引子使钟摆系统向停止晃动的稳态方向发展。不属于平庸吸引子的就是奇异吸引子，又称为混沌吸引子，是整体稳定而局部不稳定的、具有分形结构的吸引子。——译者注

（entités incorporelles）的诸领域，我们在提出它们的同时探索这些实体，而且一旦被孕育，它们始终就已然在那里了。这正是这些**世界**特有的矛盾：它们在创造的瞬间像此性（hecceïté）一样被给予，并且它们避开话语时间；它们就像寄住于不同瞬间的各种永 34
恒的发生源。不仅如此，它们还涉及考虑除（家庭的、性的、冲突的）情境要素之外潜在性的全部线的投射，这些线从它们涌现的事件开启。让我们举一个简单的例子：一名正在接受治疗的患者仍然对他的问题左右为难，变得空虚，陷入困境。一天，他会不假思索地说"我始终想重新学驾驶课，因为我好多年没开车了"，或者"我想学习文字处理"。这种话在分析的传统观念中仍然是不被注意的。但是，这样的奇异性能够变成一把开启复杂迭奏的钥匙，这种复杂迭奏不仅会调整患者的直接行为，而且还为他打开了潜在性的新场域：与他不熟悉的不同个人重新建立联系，与旧景重建联系，重新赢得神经学上的自信的可能性……在这一点上，治疗者过于严格的中立性、不干预可能变成否定的；抓住机会、承诺、冒着犯错的危险、碰碰运气，说"是的，确实这种体验可能是重要的"，这也许是必要的。把事件作为**指涉世界**的新星座的或然携带者来玩弄。这就是为什么我选择语用干预的原因，这些干预转向主体性的建构，转向潜在性的不同场域的生产，而这些场域甚至不会被一种以童年时代为轴心的符号解释学所极化。 35

在分析的这一观念中，时间不再被忍受，它被激活、定位，是质变的对象。分析不再是根据预先存在的潜伏的内容对诸症状进行移情的解释，而是发明能够使存在进行分岔的、新的催化的发生源。奇异性，意义的断裂，符号内容的切割、破碎、分离——以达达主义或超现实主义的方式——能够导致主体化的突变的发生源。化学不得不提纯化合物，以便抽离同质的原子和分子的物质，并从它们开始构成了大量的、以前没有存在的化学实体。同样在精神分析的意义上对审美主体性或部分对象的“提取”和“分离”使主体性的大规模复杂化成为可能——存在论意义上的和声、复调、对位、节奏和合奏，直到如今仍然是闻所未闻的。这是一种本质上不稳定的、解域化的复杂化，因为这种复杂化不断地被再域化的沉陷所威胁；特别是在当代的背景下，以机器方式被生产的信息流的优先性有可能导致旧有的**存在之域**的普遍消解。在
36 工业社会的早期阶段，“魔性的因素”还继续显露，不过，从今以后，神秘性变成了越来越罕见的东西。只要追忆维特基维茨（Stanislaw Witkiewicz）[1]的绝望探求来抓住最终的“‘是’的特异性”（étrangeté de l’être）[2]就够了，这种特异性似乎完全滑落于他

---

1 维特基维茨（Stanislaw Ignacy Witkiewicz，1885—1939），波兰作家、哲学家、画家，1939年自杀。——译者注

2 本书沿用陈康先生翻译《巴门尼德篇》的译法，译者将系词 être 译为“是”，étant 译为“是者”。而译者将 existence 译为“存在”，将 existentialisme 译为“存在主义”。21 世纪初，中国哲学界曾就这一系词展开过讨论，具体可参见宋继杰主编：《BEING 与西方哲学传统》，广东人民出版社，2011 年。——译者注

的手指之间。在这些条件下，诗学功能的任务就是在宽泛的意义上重构主体化的那些人为稀少的、再奇异化的**世界**。对主体化而言，重要的不是传递各种信息，投注不同的影像作为认同的支撑，或投注不同的行为模式作为模型化程序的支撑，而是催化能够获得融贯性和持续性的、存在论意义上的算子（opérateur）[1]。

这种**诗学—存在论的催化作用**，我们发现它运行于书写的、口头的、音乐的或造型的话语性中间，它差不多同时着手于艺术作品的创造者、阐释者、爱好者的表述的晶化，像分析师与他的患者的表述的晶化一样。它的效力就在于它促进积极的、过程的断裂的能力，这出现在符号上被结构的、意指的和本义的组织内部，从这些组织出发，上述能力将会利用丹尼尔·斯泰恩意义上的新生主体性。当新生主体性确实在一个给予的表述领域中被引发时——也就是被定位于历史的和地理政治的视角，这种分析—诗学的功能因此将作为自指涉性和自主增值的突变的发生源来确认
自身。这就是为什么这种功能不得不从两种角度被考虑：一是作 37
为分子式的断裂、不可感知的分岔，后者能够变革主导性冗余的框架结构、“已被分类的东西”（déjà classé）的组织，或者如人们

1 算子是一个数学术语，指对任何函数进行的某项操作，一个算子作用于一个函数后可以根据一定的规则生成一个新的函数。在心理学研究中，问题解决者从初始状态经由各中间状态而达到目标状态进行了种种操作，每种操作就是一个算子。——译者注

喜欢的话，那可称之为古典的秩序；二是因为这种功能选择这些相同的冗余链的某些切分部分，以便将我刚提及的这种非—能指的存在论功能赋予它们，以便“使”它们“迭奏化”，以便创造部分表述的恶性碎片，而这种部分表述作为主体化的“转换装置”发挥作用。这里基础材料的质量无关紧要，正如人们伴随着重复的音乐和布托舞（Buto dance）所理解的那样，根据马塞尔·杜尚的心愿，重复的音乐或布托舞被完全转向“观看者”。尤为重要的是时间化的突变的、有节奏的冲势，而这种时间化能够把新的存在论大厦的异质性组成部分结合起来。

超越诗学功能，对主体化装置的质疑被提出来。而且，更确切地说，这是必须描绘主体化装置特点的东西，以便主体化装置摆脱序列性——在萨特意义上——而且进入奇异化的不同过程，而这些过程使我可称之为它的自主本质化恢复存在。随着冷战的敌对状态变得模糊不清，我们进入了这样一个时代：严重的威胁之所以看起来更加突出，乃因为我们的生产主义社会使这些威胁对人类产生影响。我们在这个星球上的生存不仅被环境的破坏所威胁，而且还被社会团结组织的退化和精神生活的方式所威胁，
38 重新发明这些精神生活的方式是完全适合的。政治学的重建将不得不经历审美的和分析的种种维度，这些维度被卷入环境、社会和心灵的三种生态学。如若没有精神状态的突变，没有在社会中促进新的生活艺术，那么我们就不能对温室效应导致的大气污染和全球变暖或者对单纯的人口稳定想出解决方法。如若没有给世

界范围内的饥饿问题和第三世界的过度膨胀问题提供解决方法，那么我们就不能在这一领域想象出国际规则。如若没有一种在对文化差异的尊重中构想政治和经济的民主的新方式，如若没有多样的分子式革命，那么我们就不能想象出社会的、与主体性的再奇异化相关的集体重构。如若没有大力改进女性条件，那么我们就不能期望人类生活条件的改善。全部劳动分工，它的价值化方式和最终目的同样需要被重新思考。为了生产而生产——增长率带来的困扰，无论是在资本市场上还是在计划经济中——导致了各种骇人听闻的荒唐事。人类活动唯一可以接受的最终目的就是一种主体性的生产，而这种主体性以连续的方式自主丰富了它与世界的关系。主体性生产的种种装置能够存在于大城市的范围内，
同样也能存在于个体的语言游戏的范围内。而且为了理解这种生 39
产的隐秘的推动力——存在的这些自行创立的意义断裂——如今诗歌可能比汇集到一起的经济学、人文科学和精神分析教给我们的东西还要多！

当代社会发生了大规模的转变，这经由相对进步的或者适度保守的主体性突变来实现，与此同时这类突变能够突然发生在福柯意义上分子的、微观物理学的层面上，发生在政治活动、分析治疗、装置的安置之中，以便改变邻里生活，改变学校、精神病机构的运行方式，这两种过程的协同作用要求结构主义的化约论和主体性的问题域的重建。一种部分的、前个人的、复调的、集体的和机器的主体性。基本上，表述的疑问随着人类个体

化的疑问而发生中心偏离。这种疑问变得不仅与非话语强度的逻辑的出现相关，而且还与部分主体性的这些矢量的移动的归并—集聚相关。就这样抛弃心理模型化的、习惯上是普遍主义的主张是恰当的。精神分析理论或系统理论的所谓科学的内容
40 （同样还有神话的或宗教的模型化，要么是执拗的谵妄的神话模式）基本上对于它们的存在主义化的功能是有价值的，也就是对主体性生产是有价值的。在这些条件下，理论活动重新指向一种能够考虑模型化系统的多样性的元模型化。定位资本主体性（一般等价物的主体性）在大众媒介、**集体装备**和信息革命的持续发展的语境中所产生的具体后果是极为恰当的，而且这种资本主体性似乎注定在它的灰暗格调中掩盖地球奥秘的最细微示意、最后幽深处。

因此，我们打算将中心从主体问题偏向对主体性问题。传统上，主体被构想为个体化的最终本质，被构想为对世界进行纯粹的、前反思性的、空洞的理解，被构想为感性、表达性的发生源，也就是意识的各种状态的统一者。凭借着主体性，我们反而将强调意向性的奠基性诉求。重要的是从中间把握主体与对象之间的关系，并使表达的诉求处于显著地位［或者皮尔斯的三元组合的**解释项**（Interprétant）］。从那时起，对**内容**的疑问被重新提出来。**内容**通过给**表达**的本体论质性提供融贯性来分有**主体性**。我所谓
41 的存在主义化的功能就在于**内容**与**表达**的这种可逆性。因此，我

们将从表述的实体（substance）[1] 之于**表达**与**内容**这一对项的优先性开始谈起。

我认为我察觉到一种可替代那受索绪尔启发的结构主义的有效方法，即依靠叶尔姆斯列夫所构想的**表达 / 内容**（Expression/Contenu）的对立[2]，也就是确实以**表达**与**内容**之间的可能发生的可逆性为基础。我超出叶尔姆斯列夫来考虑大量的表达性诉求，不管它们是属于**表达**的范畴还是**内容**的范畴。并非玩弄**表达 / 内容**的对立（这一对立在叶尔姆斯列夫的理论中继续重复索绪尔所区分的能指与所指这一对项），问题可能在于将大量的**表达**的组成部分或者**表达**的实体进行比较、置于复调之中。困难就在于叶尔姆斯列夫自己在质料、实体与形式的三分中使用了实体的范畴，形式一方面与**表达**有关，另一方面与**内容**有关。在叶尔姆斯列夫的理论中，表达与内容的连接得以在他相互辨别的、**表达**形式与**内容**形式的层面上被实现。这一共同的和互换的形式有点儿神秘莫测，不过在我看来，它表现了一种天才的直观，对形式机器的存在

---

1 在词源上，substance 源自希腊语 ousia，是亚里士多德创造的重要哲学概念之一，通常译为“实体”，又译为“本体”。亚里士多德曾提出了“第一实体”和“第二实体”，中世纪经院哲学家翻译 ousia 时，又使用 entité 来翻译 ousia，导致了 ousia 翻译上的困难。加塔利在该书中同时使用 substance 和 entité，沿用了亚里士多德的区分。该书统一译为“实体”，不在译名上做进一步区分。——译者注

2 Louis Hjelmslev, *Prolégomènes à une théorie du langage*, Minuit, Paris, 1968; *Le Langage*, Minuit, 1969; *Essais linguistiques*, Minuit, Paris, 1971; *Nouveaux Essais*, P. U. F., Paris, 1985.

42 提出了疑问，这种形式机器横贯于**表达**和**内容**的任何形态。那么，一端是言语活动特有的表达的音位和组合的话语性的机器，另一端是内容的语义单位的切分（例如颜色分类或动物范畴被确立的方式），这两端之间存有一种联系、一种横贯性。我将这种共同的形式称之为解域化的机器、抽象机器。符号的抽象机器的观念不是新发现的：我们在乔姆斯基的理论中可以找到抽象机器。乔姆斯基假设抽象机器存在于语言的根基处。但是，这一概念、这一**表达** / **内容**的对立以及乔姆斯基的抽象机器的这一概念仍过于化约到言语活动上。对我们来说，我们想在一种对形式进行宽泛的、机器性的构想的框架下修复符号论，这一构想可能会使我们摆脱表达—内容的简单的语言学对立，并允许我们将无数的**表达**实体（例如生物编码或社会特有的组织形式）融入表述装配。从这一视角来看，对表述实体的疑问还必须摆脱叶尔姆斯列夫的三分框架——质料—实体—形式（形式“像一张网一样”将自身投射到质料上，以便产生**表达**实体以及**内容**实体）。问题可能就在于以多元论的方式使实体的概念发生爆裂，以便促进**表达**实体的范畴，
43 这不仅出现在符号论领域和符号学领域中，而且还出现在诸如超语言的、非人的、生物学的、工艺的、审美的领域中。表述装配的问题不再是符号记录特有的，而是横贯异质的表达质料的集合。因此，这是一种介于种种表述实体之间的横贯性，当这些表述实体从“未在符号上被构成的质料”（借用叶尔姆斯列夫的另一种表达）开始发展时，它们一方面可以是语言的，另一方面可以属于机

器领域。机器性的主体性，即主体化的机器性装配，集聚了这些不同的部分表述，可以说将自身安置于主体—对象的关系之前和旁边。这种主体性还具有集体的特点，它是多成分的，这是一种机器性的多样性。它最终包含无形的维度，也许构成它最成问题的方面，而且仅仅由乔姆斯基从侧面尝试着重新使用中世纪的概念——**“共相”**。

一方面是各种话语链，它们属于有限的、预先构成的世界（拉康的大他者世界）；另一方面是各种无形的记录，它们具有无限的、神创论的潜在性（与拉康的“数元”无关），语言的与非语言的表达实体将自身安置在这两者的交汇点上。正是在这一交叉地带中，主体与对象才融合为一体，并寻到它们的基础。当现象学家指出意向性与它的对象密不可分和依赖主体—对象的话语关系的“先前之物”（en-deçà）时，这涉及他们所讨论的与料。一些心理学 44
家强调了童年时期和精神病中出现的共情（empathie）的关系和互易感觉（transitivisme）的关系。当拉康还受现象学影响时，他在早期著作中提及了这种现象的重要性。通常，人们可以说精神分析诞生于对象—主体融合的这一点上，我们看到这种融合在暗示、催眠和歇斯底里症中发挥着作用。恰恰一种对歇斯底里症的主观互易感觉进行解读的尝试才是弗洛伊德的实践和理论的起源。此外，自从列维－布留尔（Lévi-Bruhl）、普利耶吕斯基（Priezluski）等人所处的时代以来，人类学家就指出古代社会存在着他们所谓的“分享”（participation），因为集体的主体性投注某种对象，并将自身置于群体在存在论意义的发生源的位置上。例如，在有关新艺术形式的各种研究（像德勒兹对电影的研究）中，我们将会看到运动—影像和时间—影像构成主体性生产的胚芽。我们面对的不是被动再现的影像，而是主体化的矢量。我们现在面对的是移动的、非话语的认识（connaissance），后者将自身呈现为一种人们遭逢的主体性，一种在它的复杂性中直接被给予的、吸附性的主体性。我们可以使这种直观追溯到柏格森，他阐明了绵延的这种非话语的体验，通过使之反对一种根据空间图式被切分为现在、过去和未来的时间。这种移动的主体性的确在主体—对象的关系
45 上继续实现自身的现实化，这要通过言语活动世界中的能量—空间—时间坐标和各种各样的中介来实现；不过，能够抓住主体性生产的原动力的就是通过主体性来理解伪话语性、话语性的挪用，而主体性建立在主体—对象关系的基础上，建立在主观的伪中介之中。

这种移动的主体化是全部的主体化方式的根源，被遮蔽在理性主义的资本主体性之中，后者往往有条不紊地绕过这种主体化。通过给主体化的这些因素加括号，科学被建立起来，而这些因素只有把某些话语链置于意指之外才能找到**表达**。弗洛伊德学说尽管浸透着科学态度，但是它在早期阶段可以被描绘为对实证主义的化约论的反抗，而这种化约论往往避开这些移动的维度。症状、口误或笑话被构想为各种分离的对象，这些对象允许那失去融贯性的主体性方式找到“赋存”（mise en existence）的道路。从自己

的重复性开始，症状像存在论的迭奏一样发挥作用。矛盾恰恰在
于这一事实，即移动的主体性往往不断地从话语性的关系中撤离，
而话语性的算子基本上以主体性为基础。表述装配的存在论功能
就在于对话语性的各种链的这一使用，以便确立一个关于重复、
强度持续的系统，这一系统被极化于辖域化的**存在之域**与解域化 46
的**无形世界**［两种我们可描述为本体—发生的（onto-génétique）元
心理学功能］之间。指涉价值的**世界**将它们自己的织体（texture）
赋予**机器语群**中被分节的**表达**机器。复杂的迭奏，超越辖域化的
简单迭奏，拒绝接受这些**世界**的奇异的融贯性。（例如，对基于自
然音阶的和声共鸣的移动的理解显示了复调音乐的融贯性的“背
景”，正如在其他语境中对数字与算法可能发生的串联的理解显
示了数学空想的背景。）就这样被赋予表述装配的抽象机器的融贯
性就在于存在论辖域化的部分层级的分层与赋序。一方面是话语
性的被现实化的种种记录，一方面是潜在性的非话语的各个**世界**，
复杂的迭奏还作为这两者之间的界面起作用。这是迭奏最解域化
的方面，也就是它的有关价值之**无形世界**的维度，后者控制了那
些最辖域化的层。迭奏通过解域化的运动实现这一点，而这种运
动培育了可能的场域，价值的张力以及异质性、相异性和生成他
者的种种关系。这些**价值世界**与柏拉图的**理念**之间的差异就在于
它们没有固定不变的特性。这涉及**世界**的星座，在这些星座中，
一种组成部分能够对于其他组成部分确认自身，并更改初始的指
涉配置和主导的价值化方式。（例如，在古代文化的发展过程中， 47

我们将看到基于铁制武器的军事机器对于专制国家机器、书写机器、宗教机器等来确认自身的优先性。）这样一种星座的晶化将会在历史话语性的过程中“被超越”，但从未作为集体主体性的无形记忆的不可逆的断裂被擦除。因此，我们在这里完全置身于“**是**”（Être）的幻象之外，而“**是**”未被改变地经历了本体论构造的普遍历史。存在着的奇异的无形的星座，它们属于自然史和人类史，与此同时它们通过无数的逃逸线逃避自然史和人类史。从数学的**世界**出现的时刻开始，不再可能发生的是支撑数学宇宙的抽象机器已经没有处处存在，时时存在，并且抽象机器没有被投射到即将到来的诸种可能物上。不再可能发生的是复调音乐不是为了过去和现在的时间序列被发明出来的。这就是存在论意义上的主体化的这一功能的本体论融贯性的首要根据，这一主体化被定位于某种价值论意义上的神创论的视角之中。

次要根据就是这些价值在**存在之域**的此在（être-là）的不可逆性中的具体体现，存在之域将它们的自创生、奇异化的特点赋予主体化的发生源。根据话语集合的逻辑——这一逻辑严格控制**流**
48 和**机器语群**的诸领域，主体与对象的两极之间始终存在着一种分离。命题的真实性符合排中律原理，每一对象呈现于具有“背景”的二元对立的关系之中。而根据移动的逻辑，不再有可被限定的、外在的总指涉。对象关系是不稳定的，由之主体化的种种功能遭到了质疑。**无形世界**没有依赖那些被载入世界的坐标，而是依赖纵坐标、强度排序，后者好歹缠住了这些**存在之域**。诸界域在相同运动中想包含整个尘世性(modanité)，事实上它们仅仅依靠微不足道的迭奏，而这些迭奏即便不是空洞的，也至少以它们的本体论强度的零度为索引。因此，诸界域曾经作为对象被给予，不过是作为强度性重复、烦扰的存在论肯定被给予。而且我再说一次，这种操作通过借用符号链来实现，而符号链是被拆散的，绕开它们的意指的或编码的使命。在这一点上，表达的诉求以质料—形式的关系为基础，后者从混沌的质料中抽取复杂的形式。

话语集合的逻辑从有关**资本**、**能指**与具有大写字母Ê的"**是**"的逻辑中找到一种毫无希望的实现。**资本**就是劳动和财产的一般等价物的指涉对象，**能指**就是符号论表达的资本化指涉对象、本
体论多音性的巨大化约者。真、善、美是不同过程的"正常化"的 49
范畴，而这些过程避开有限集合的逻辑。正是各种空洞的指涉对象创造了空洞，将超验性置于再现关系之中。对**资本**、**能指**或"**是**"的选择具有相同的政治伦理选择的性质。**资本**打碎所有其他的价值化方式。**能指**使次要语言和部分表达的无限潜在性保持沉默。"是"就像一种令人目盲的监禁一样，使人看不见价值世界的丰富性和多价性，然而这些世界就在我们眼皮底下激增。存在着一种支持可能的丰富性的伦理选择，一种关于潜在的伦理学和政治学，而潜在使偶然性、线性因果关系、包围我们的事态与意指的权重实现解体化和解域化。这是一种关于过程性、不可逆性和再奇异化的选择。通过神经症中出现的有关包抄、平庸甚至灾难的方式，

这种再展开能够在小范围内进行。它可以借用反动的宗教指涉，它可以被毁灭在酒精、毒品、电视、无休止的日常生活之中，但它也可以借用其他程序，后者是更加集体的、更加社会的、更加政治的……

为了质疑二元论的对立［**“是”—“是者”**（Étant）、**主体—对象**］和摩尼教式的两极价值化系统，我提出了本体论强度（ontological
50 intensity）的概念。这个概念意味着既在现实的记录又在潜在的记录中对表述装配进行一种伦理—审美的介入。不过，这里提出的元模型化的另一个要素就在于机器多样性的集体特点。不存有**表达**的不同组成部分的人格学意义上的总体化、**指涉世界**的自我封闭的总体化，在科学、艺术或在社会中亦是如此。存有主体化的异质因素的聚集。机器的切分成分诉诸去总体化的、解域化的机器界（mécanosphère），诉诸界面的无限游戏。不存有已然被安置好的、贯穿时间性的“是”。这种对对决的、二元的关系（**“是”—“是者”**或**意识—无意识**）的质疑意味着对符号线性的质疑，而这种线性似乎总是显而易见的。为了在明确限定的指涉对象的背景下提出对象，移动的表达没有被创立于一种话语连续性的关系之中。这里我们处于一种共存的、强度晶化的记录之中。时间没有作为空洞的容器存在（仍然以爱因斯坦的思想为基础进行的构想）。时间化的关系本质上是属于机器性的共时性的。存有一种价值论纵坐标的展开，没有建立一种外在于这一展开的指涉对象。这里我们在抽象机器的装配（complexion）中间处于“外延化的”线性的关系这边，处于对象与它的再现中介之间。

51 我们可以从表述装配的无形的和潜在的部分来说表述根据“主张名称逻辑的”（terministe）唯名论视角（这种视角使符号实体依赖纯粹的主体性）是否是“口头的”（in voce），或者我们说表述在世界的实在论观念（主体性只是错觉的假象）的框架中是否是“关于”（in re）。但是，同时确定这两种设定可能是必要的：潜在强度的领域先于符号机器、所指对象和表述主体之间的种种区分来确立自身。正是为了不看到机器的切分成分是自创生的和个体发生的，人们才不停地根据**能指**和科学的合理性来进行各种普遍主义的化约。各种机器性的界面是异质性的，它们要求我们对它们、随之对元模型化系统持有视角的相异性，这些系统允许我们以这样或那样的方式来考虑它们自创生的发生源的完全无法认识的特性。摆脱对技术机器的唯一参照，并扩大机器的概念，以便设定机器与无形的指涉世界的这种相邻，这是合适的。我们应该注意的是这里提出的元模型化范畴——**流**、**机器语群**、**存在之域**、**无形世界**——之所以具有意义，只因为它们以四的形式进行，并能够摆脱那些最终被化约为二元论的三元描述。第四项代表第n

52 项：这是面向多样性的敞开。区别元模型化与模型化的就是元模型化以这样的方式支配着各个项，而这些项部署着各种向潜在和创造的过程性可能发生的敞开。

第二章

# 机器的异质发生

习俗希望我们把机器作为技术的一个子集来谈论。我们倒 53
真应该认为技术的问题域依赖机器的问题域，反之则不然。机器
可能会变成技术的先决条件，而不是技术的表达。机器论是魅
惑（fascination）的对象，有时是谵妄的对象。关于这一点，存在
着一整部历史上有记载的“动物寓言集”（bestiaire）。自从哲学
诞生以来，人与机器的关系成为发问的一个源头。亚里士多德认
为技术性（techné）的任务就是创造自然不可能实现的东西。从
“知识”而非“制造”的范畴出发，技术性在自然与人类之间插入
了一种创造性中介，后者的调解身份是持续含混的根源。关于机
器的各种“机械论的”观念使机器清空了一切，而这一切可以使 54
之逃避一种单纯的、各部分相互外在的构造。“生机论的”观念
把机器看作生物；除非生物被看作机器。诺伯特·维纳（Norbert

Wiener)[1]开启的“控制论的”视角把生物系统看作各种配备反馈原则的特殊机器。新近出现的“系统论的”观念［赫姆伯特·玛图拉纳（Humberto Maturana）和弗朗西斯科·瓦雷拉］发展了自创生的概念，同时把这一概念留给生物机器。在海德格尔之后，哲学方式使技术性——在它与现代技术的对立中——承担了一项“揭示真理”（dévoilement de la vérité）的使命，这一使命将“通过具体来探寻真实”。哲学方式就这样把技术性钉在了本体论的基座（根基）上，并危及它的过程性敞开的特点。

通过这些见解，我们将尝试着辨别本体论强度的各种界限，并在技术、社会、符号、价值论的化身之下来考虑整个机器论。而且这意味着要重建一种远远超越技术机器而发展起来的机器概念。对于每种机器而言，我们将不会对其与生命相关的自律性（这不是动物）而会对其奇异的表述能力提出质疑：我将其称之为特殊的表述的融贯性。我们所思考的第一种机器是各种物质装置。
55 它们是由人手制造的——手本身可被其他机器替换——而且根据与生产目标相符合的观念和平面，它们亦是如此。我称这些不同的阶段为各种被完成的图解图式。

然而，这种组装（montage）和这些完成已经在严格意义上把扩大机器的种种极限的必要性强加给那将机器与人相联系的功能

1 N. Wiener, *Cybernétique et Société*.

集合。我们将看到这意味着要考虑各种各样的组成部分：

——物质的和能量的组成部分；

——符号的、图解的和算术的组成部分（平面、公式、方程、计算，它们促进了机器的制造）；

——人体的器官、神经冲动、性情的组成部分；

——个体和集体的信息与心理表象；

——欲望机器的种种投注，而欲望机器生产一种毗邻于这些组成部分的主体性；

——抽象机器，它们横贯地置身于前面所思考的机器层面（物质的、认知的、感受的和社会的）。

当我们谈论种种抽象机器时，通过“抽象的”（abstrait）这个词，我们也可以在抽取的意义上来理解“抽取物”（extrait）。它们是能够使它们横贯的和我们刚刚列举的、全部异质的层面联系起来的组装。抽象机器横贯这些层面，正是抽象机器将给或不给这些层面提供本体论意义上的自主肯定的存在、效率、潜能。不同 56
的组成部分为一种力本论所驱使、重组。这种功能集合从今以后将被描述为机器性的装配。“装配”这一术语没有在它的组成部分之间包含联系、过渡、吻合的任何观念。这是一种有关可能、潜在的场域的装配，同样也是组成要素的装配，不具有属关系或种关系的观念。在这一背景下，用具、器具、最简单的工具、机器最小的结构零件将获得原—机器（proto-machine）的地位。

让我们举个例子来说明这一问题。尽管我们拆去了锤子的锤柄，但锤子永远是锤子，只不过是处于“残缺的”状态。锤子的“头”——其他的动物形状的隐喻——可以通过熔解被还原。那么锤子将跨过形式上的融贯性的界限，将从此失去它的形式；另外，这种机器性的完形（gestalt）既在工艺的平面上又在想象的层面上起作用，如若人们提及有关镰刀和锤子的陈旧回忆。我们只是面对一块返回光滑、解域化的金属块，而这一金属块先以机器性的形式出现。为了超越这种经验——可与笛卡尔的蜡块例子相提并论，让我们反过来尝试着把锤子和胳膊、钉子与铁砧联系起来。它们之间保持着链接的种种横组合关系，而且它们的“集体舞蹈”将重新激活不复存在的铁匠行会、旧铁矿的不详时代、包铁轮子的祖传惯例……勒鲁瓦-古朗（Leroi-Gourhan）着重指出技
57 术对象在其所属的技术集合之外什么都不是。这对那些像机器人一样的复杂机器也是如此，而这些机器人很快将由其他机器人所生产。人类行动依然毗邻于它们的孕育，等待着那种将要求其接入的故障：直接行为的这种剩余。不过，对于科幻小说注明日期的时代来说，所有这一切难道没有显示出一种局部的视野、某种鉴赏力？注意到以下这一点是奇怪的，即为了获得越来越多的生命，机器要求越来越多的人类抽象的生命力作为回报，而且这一切都沿着它们的演化路线进行。计算机辅助设计、专家系统和人工智能既引人思考，又逃避思想。它们解除思想的各种惯性图式。计算机辅助的思维形式是突变的，它们取决于其他的音乐、其他

的**指涉世界**。[1]

因此，拒绝人的思想分享机器论的本质是不可能的。不过，这种思想究竟在哪一点上仍被描述为人的？科学技术的思想难道不从属于某种精神的和符号的机器论？这里一种区分在下列两者之间是必不可少的：一边是各种意指的生产符号论——社会群体的公共货币——像围绕机器进行工作的人们的“人的”表述；另 58
一边是各种非一能指的符号学，不管它们传达的意指数量是多少，它们操纵着那些可能被描述为“非人的”表达辞格（figures d'expression）；正是各种方程、各种平面表述了机器，并使机器以图解的名义对技术和实验的装置起作用。意指符号论影响语音或文字领域之截然对立的系列，而这些系列把各种陈述转译为能指表达的质料。结构主义者喜欢把**能指**树立为全部表达结构的统一范畴：语言、肖像、动作、城市规划或电影等。他们公设了一种一般的、能指的、对全部话语性形式适用的可译性。不过这么做，难道他们就没有误解机器性的自创生的本质性维度吗？意义和效果的这种连续的涌现不是取决于模仿的冗余，而是取决于意义的效果的独特生产，即便是无限可复制的。

---

1　参见 Pierre Lévy, *Les Technologies de l'intelligence*, La Découverte, Paris, 1990; *Plissé fractal. Idéographie dynamyque*（具备信息传播研究资格的研究报告）和 *Idéographie dynamyque*, La Découverte, Paris, 1991。

机器的这种自创生的核就是使机器摆脱结构、区别于结构并赋予机器以价值的东西。结构意味着反馈的种种回路，结构使它从自身出发所掌握的总体化概念发挥作用。结构被各种输入和输出占据着，它们的职责就是使结构按照永恒回归的原则运行。结构被一种对于永恒的欲望纠缠着。相反，机器被一种对于废止的
59 欲望萦绕着。机器的出现概率被威胁它的故障、灾难、死亡增强一倍。机器具有一种补充的维度：它在不同形式下所发展的相异性维度。这种相异性使机器排斥结构，后者以异物同形的原则为轴心。由机器性的自创生所引发的差异立基于不均衡，也就是远离均衡、对潜在**世界**的探索。而且这涉及的不仅仅是一种形式上均衡的中断，而且是一种彻底的本体论反转（reconversion ontologique）。机器始终依赖于各种外在要素，以便能够像这样地存在。机器不仅意味着一种与制造它、使它运行或毁坏它的人相关的互补性，而且它在一种与其他现实的和潜在的机器的相异性关系中就是自身——一种“非人的”表述、一种原—主体的图表。

这种本体论反转免除**能指**概念的总体化的影响范围。因为并不是种种相同的能指实体引起本体论指涉对象的各种突变，而这些突变使我们从分子化学的**世界**转向生物化学的**世界**，或者从音响的**世界**转向复调的、和声的音乐的**世界**。当然，能指性解码的各种线——它们由各种离散的图形（二元化的、横组合化的和纵

聚合化的)构成——有时在彼此的**世界**中相交。而且我们可能有这样一种错觉——相同的能指网络栖居于所有这些领域之中。当我们考虑这些**指涉世界**的织体本身时就完全不同了。这些**指涉世界**每次都打上了奇异性的标志。从音响效果到复调音乐，表达强 60 度的种种星座发生分岔。这些星座依赖某种移动的关系，并展示了种种在不可化约的意义上是异质的、本体论的融贯性。我们由此既发现了许多种解域化，也发现了表达质料的许多特点。悬于这些表达质料之上的能指的分节(articulation signifiante)——在它的无差别的中立性之中——不能作为内在性关系强加于各种机器性的强度，强加于非话语的、自主表述的、自主价值化的这种自创生的核。这种核没有屈从任何的解域化程序的一般句法。任何对子——“是”—“是者”、“是”—“无”、“是”—“他者”——都不能保持本体论意义上的二进制位(binary digit)的等级。各种机器性的命题逃避了话语性的寻常运作，逃避了能量、时间与空间的结构性坐标。

然而，同样还存在着一种本体论的横贯性。在宇宙粒子的层面上所发生的一切并非与人的灵魂或社会的事件无关。不过这并不依据柏拉图式的普遍和谐［《智者》(*Le Sophiste*)］。各种解域化强度的构造体现在不同的抽象机器之中。我们应该考虑的是，机器性的本质将会体现在技术机器之中，还会体现在与这一机器相关的社会的、认知的环境之中——各种社会性集合也是机器，身

61 体是机器，存在着科学的、理论的、信息的机器。在任何的统一特征之外，依据不可逆性、奇异性和必然性的原则，抽象机器横贯所有这些异质的组成部分，不过尤其重要的是抽象机器使这些组成部分异质化。在这一点上，拉康式的能指有双重缺陷：它太抽象了，尽管它轻易地就使各种异质的表达质料变成可译的，它缺少本体论意义上的异质发生，它无偿地统一“是”的各种领域，并使之句法化；与此同时，它不太抽象，因为它不能解释我们目前必须重新考虑的、这些机器性的自创生的核的特殊性。

弗朗西斯科·瓦雷拉将机器描述为“其组成部分的相互—关系的集合，而不管其组成部分本身如何”[1]。因此，机器的组织与它的物质性无关。他区分了两种机器：“它生产的”机器（生产除自身之外的其他事物）与“自创生的”机器（连续地孕育和规定它们自己的组织和它们自己的界限）。这些自创生的机器实现了一个替代其组成部分的连续过程，因为它们服从它们必须不断补偿的各种外部干扰。事实上，自创生的资格被瓦雷拉留给了生物学领
62 域；被排除在外的是社会系统、技术机器、晶体系统等。这就是他对“它生产”与“自创生”进行区分的意义。然而，自创生——仅仅界定各种自律的实体，它们是个体化的、单一的，并摆脱了输入与输出的关系——缺乏诸生物体所必需的各种特性，就好像这一

1 Francisco Varela, *Autonomie et Connaissance*, Le Seuil, 1989.

事实一样，即它们通过各种基因系（phylums génétiques）诞生、死亡、继续存活。“自创生”值得根据各种演化的、集体的实体来被重新思考——这些实体之间保持着各种相异性关系，而不值得被不可改变地重新关闭在这些实体自身之上。由此，各种建制和技术机器表面上属于“它生产”；然而，当我们在它们与人类所构成的机器性装配的背景下来考虑它们时，它们实际上变成了“自创生”的。因此，我们从机器界特有的个体发生和种系发生的角度来考虑“自创生”，而机器界是与生物界重合的。

机器论的种系发生的演变在第一个层面上被这样一个事实所转译，即随着“世代”（générations）变成不再使用的，机器通过彼此抑制的“世代”来呈现自身。过去的世代的演变关系通过潜在性的各种线和它们的蕴含树形图延伸到未来。然而，问题恰恰不在于一种单义的历史因果关系。各种演化线呈现为块茎。年代测定不是同时发生的，而是异时发生的。例如，蒸汽机在工业上的“腾飞”（décollage）是在中华帝国把它用作孩子玩具的数个世 63
纪之后发生的。实际上，这些演化的块茎整体上穿过各种技术文明。一项技术革新可能经历漫长的停滞或者回归的不同时期，但是几乎没有例子可以说明技术革新在今后不会“重新开始”。这一点对于种种军事上的技术革新是极其清楚的：它们不断地强调它们打上不可逆性印记的、漫长的历史序列，而这种不可逆性为了新的地缘政治布局的利益而摧毁帝国。不过，我再说一遍，这对于各种最低下的器具、用具和工具而言已经是真实的，而它们没有避开这种种系发生。例如，我们可以举办一个展览来展示自石器时代以来锤子的演变，并对锤子在新材料和新技术背景下将被指定变成什么做出各种猜测。如今我们从超市购买的锤子在某种意义上是在各种无限的潜在延伸的种系发生的世系上“被提取”。

正是在各种异质的机器性的**世界**、各种不同的维度、特异的本体论织体的交叉路口——伴随着各种彻底的革新、各种昔日被遗忘的后来被重新激活的祖传的机器论的基标，**历史**的运动使自身实现奇异化。在其他各种组成部分之间，新石器时代的机器将言说机器、打磨石块的各种机器、各种基于种子选择的农业机器
64 与村庄的原—经济联系起来。书写机器只是伴随着城市的巨型机器［刘易斯·芒福德（Lewis Mumford）］的诞生才会出现，这些巨型机器与古代帝国的扩张有关。与之同时发生的是各种大型游牧机器将从冶金机器与新战争机器的勾结开始建立起来。至于各种大型资本机器，其基本的机器论是增殖的：城市国家的机器，然后是王国机器、商业和银行的机器、航海机器、一神论的宗教机器、解域化的音乐和造型艺术的机器、科学和技术的机器，等等。

机器的再生性在个体发生的平面上所提出的质疑是更复杂的。机器的运行状态的维持——它的功能同一性——从未完全被保障。磨损、不稳定性、各种故障、熵要求机器在某种程度上更新其物质的、能量的和信息的组成部分，尽管这些组成部分可以陷于“声音”之中。与之同时发生的是，保持机器性的装配的融

贯性要求那涉及其构成的人类行动和智能的部分也要被更新。因此，人—机器的相异性错综复杂地与机器—机器的相异性联系起来，后者在互补性关系或争斗关系（战争机器之间）之中抑或在零件或装置的关系之中运行。实际上，机器在新样品或新模型中发生的磨损、事故、毁灭和复活都是机器的命运的一部分，并在某 65 些审美机器（凯撒[1]的各种“压缩作品”、让·丁格利[2]的各种“元机械”、各种偶发性机器、各种谵妄机器）中能够变成其本质的最显著部分。因此，机器的再生性不是一种纯粹的、被编程的重复。其断裂与未分化的种种划分——使模型脱离任何载体——引入它们所占的既是个体发生的又是种系发生的差异份额。正当这些过渡阶段转入图表的状态、蔑视物质的抽象机器时，机器性的核的“灵魂的补充部分”被看作是与简单的物质集块形成对比。一堆石头不是一台机器，而墙已经是一台静态的原—机器，因为它显示了各种潜在的极性：内与外、高与下、左与右……这些图解的潜在性使我们摆脱瓦雷拉对机器性的自创生的描述，依据的是统一的个体化，既没有输入也没有输出；它们把我们引向了一种更加集体的机器论，没有受限的单一性，其自律性将就了相异性的各种载体。技术机器的再生性——不同于生物的再生性，并不建立

---

1　凯撒·巴勒达西尼（César Baldaccini，1921—1998），法国当代著名雕刻家，以“压缩艺术”著称。——译者注

2　让·丁格利（Jean Tinguely，1925—1991），瑞士当代著名雕刻家和实验艺术家，以机器式的动态雕刻著称。——译者注

在编码的不同序列之上，而这些序列完全被限制在界域化的基因
组之中。每种技术机器的确具有构想和组装的平面。不过，一方
面，这些平面与技术机器保持距离；另一方面，它们相互运行于
66 机器之间，以便构建一种图解的、往往全部覆盖机器界的块茎。
诸技术机器之间的关系和对它们各自零件的调整预设着它们的奇
异性的某种形式上的系列化与某种丧失——比各种生命机器的奇
异性更加强烈，而这些生命机器关联着一种介于某种在能量—空
间—时间的坐标中被表现的机器与某种在更加解域化的坐标中展
开的图解机器之间的间距。

这种解域化的间距与奇异性的丧失必须与诸质料的被加强
的光滑联系起来，而这些质料是由技术机器组成的。当然，这些
质料特有的、奇异的种种粗糙表面从未被完全废止，而是不得不
干涉机器的“运作”（jeu），只有它们被其图解的运行要求这么做。
从一种表面上简单的机器装置——锁与钥匙构成的对子——出
发，让我们来研究机器性的偏差与光滑这两个方面。异质的本
体论织体的两种形式在这里起作用：一是物质化的、偶然的、具
体的、离散的形式，其奇异性被再度封闭在自身之上，这些形式
各自体现为锁的剖面 Fs 与钥匙的剖面 Fc。Fs 与 Fc 从未完全
吻合。因为磨损和氧化，所以它们随着时间的流逝而发生演化，
67 不过这两者都必须保持在受限的标准偏差（écart-type）范围之内，
而钥匙不断地超出这一标准偏差而运行。二是“形式化的”、图解

的、被这种标准偏差归摄的形式，它们呈现为一种包括 Fc、Fs 剖面的全部系列的连续体，而这些剖面与锁的有效开动相兼容。

人们立刻注意到，机器性的效果，也就是向可能的行为的过渡，完全应该从第二种形式的方面来进行定位。尽管这些图解的形式在一种最可能受限的标准偏差上实现分级，但是它们在数量上呈现为无限的。事实上，重要的是形式 Fc、Fs 的积分。

这种无限积分的形式使偶然的形式 Fs 与 Fc 迭复和光滑，只有在这些形式属于这种无限积分的形式的情况下，它们才在机器的意义上有价值。一种关系由此“在”种种具体的、许可的形式“上”被确立起来。正是这种运作，我将其称为解域化的光滑，而且它既针对由机器构成的质料的标准化，也针对它们的“数字的”和功能的描述。未被充分轧制的、解域化的铁矿石会呈现原始矿物碎块的凸凹不平，这些凸凹不平可能会扭曲钥匙和锁的理想剖面。材料的光滑不得不剥夺材料的偶然性的过多方面，并使材料运行，以便忠实地模塑那些外在于材料的形式化痕迹。我们应该补充的是，这种模塑——在这一点上可与摄影相比较——不应该 68
太短暂，并且它应该保存一种属性上充分的融贯性。还就是在这一点上，我们碰到标准偏差的现象，而这种标准偏差启用一种理论的、图解的融贯性。铝钥匙或金钥匙有可能在钢锁中发生弯曲。一把变成液态或气态的钥匙立刻失去实用的效能，并溢出技术机器的场域。

形式化界限的这种现象将在机器内部的诸关系与机器相互

之间的诸关系的全部层次上被重新寻到，尤其是伴随着各种备用零件的存在。技术机器的组成部分由此就像形式货币的零件一样，自从它们借助计算机进行设计和制造以来，这一点显得更加清楚明了。这些机器性的形式，这些有关质料、零件之间的标准偏差、功能调整的光滑，往往使人认为形式胜过融贯性与质料的奇异性——技术机器的再生性，似乎规定其每种要素都融入一种关于图解领域的预先确定的定义之中。查尔斯·桑德尔·皮尔斯（Charles Sanders Peirce），把图表描述为“关系的像符”（icône de relation），并把图表看作算法的函数，他向我们提出了一种从当前角度来看适合进一步展开的广阔视野。其实，图表在这里被构想为一种自创生的机器，这种机器不仅赋予图表以功能上的融贯性和质料上的融贯性，而且还强迫图表展示其相异性的不同记
69 录，这些记录使图表避开一种被封闭在各种简单的结构性关系之上的同一性。机器的原—主体性在潜在性的**世界**之中确立自身，后者从各个方面超出它的**界域性**。由此我们拒绝假设一种形式化的主体性，它内在于图表的符号化，例如一种鉴于著名的拉康原理而“栖居”于能指链之中的主体性：“一个能指为另一个能指再现主体。”对于机器的各种记录而言，并不存在一种基于中断、缺乏和缝合的单义的主体性，而是存在主体性在本体论上异质的各种方式、无形的**指涉世界**的不同星座，这些星座在相异性的诸领域——更确切地称作相异化（altérification）的诸领域——之中占据部分表述者的位置。

对于机器性的相异性的这些记录，我们已经碰到了一些：

——不同机器之间与同一机器的各零件之间的邻近的相异性；

——关于内部的、质料的融贯性的相异性；

——关于形式的、图表的融贯性的相异性；

——关于演化语群的相异性；

——战争机器之间的争斗的相异性，在战争的延续阶段，我们可以将之与欲望机器的“自主争斗的”相异性结合起来，而这些欲望机器往往走向了它们自身的崩溃、废止。

相异性的另一种形式只有以极为迂回的方式被接近，正是标度（échelle）的相异性或分形的相异性才在不同层次的机器之间 70
确立一种系统对应的运作。[1] 然而，我们不是在编制一张有关相异性的机器性形式的普遍表格，因为这些形式的本体论模态确实是无限的。它们通过那些具有不受限制的组合性与创造性的、无形的**指涉世界**的星座组织起来。

古代社会比白人的、男子的、资本的主体性更好地被配备，以便对相异性的这种多化合价进行制图。在这一点上，我可以参

---

1 莱布尼茨在他对无穷大与无穷小趋于同质的关注中，认为他视作神圣机器的生命机器在其趋于无限的最小部分中继续是机器（这不可能是由人类技艺所制造的机器的情况），载 *Monadologie*, Delagrave, Paris, 1972, pp.178–179。

考马克·奥热（Marc Augé）论述那些与非洲丰人（Fon）部落社会中崇拜对象雷格巴（Legba）有关的异质性记录的报告。雷格巴碰巧横贯地处于：

——命运的维度；

——关于生命原则的世界；

——祖宗谱系；

——物质化的神；

——适应的符号；

——个体化的实体；

——乡村入口的神物，房屋大门口的另一神物，在举行进入房间的仪式之后……

71 雷格巴是一把沙子、一个聚合处，但这也是与他人关系的表达。我们可以在门口、市场、乡村广场、十字路口发现雷格巴的神像。它可以传达种种信息、疑问、回答。它也是与死者或祖先联系的方法。它既是个体也是个体的等级，既是专有名词又是普通名词。“它的存在符合这样一个明显事实，即社会不仅源自关系的领域，而且源自‘是’的领域。”[1] 马克·奥热强调了象征系统的不可能的透明性和可译性。“雷格巴装置……根据两个轴被建造。一方面是从外向内看，另一方面是从同一性向相异性看。由此，‘是’、

---

1 M. Augé, “Le fétiche et son objet”, in *L'Objet en psychanayse*, présentation de Maud Mannoni, Denoël, “L'espace analytique”, Paris, 1986.

同一性以及与他者的关系被建构，通过物神崇拜的实践，不仅以象征的名义，而且以敞开的本体论的名义。”[1]

当代机器性的装配并不比古代社会的主体性更具标准的、单义的指涉对象。不过我们更不习惯其指涉性的组成部分的不可化约的异质性——甚至异质发生的特征。**资本**、**能量**、**信息**、**能指**是许多这样的范畴，它们使我们相信本体论意义上的指涉对象的同质性，这些指涉对象是生物学的、动物行为学的、经济学的、现象学的、书写的、音乐的，等等。 72

在化约论的现代性的背景下，我们的责任就是重新发现与机器性交叉口的每次促进过程相符合的是**价值世界**特有的星座，从这一星座出发，非人的部分表述被建立了。生物学意义上的机器促进生物的**世界**分化为植物生成、动物生成。自从复调音乐重大变革以来，音乐机器在不断调整的声音**世界**的背景下被创立了。技术机器在最复杂的和最异质的表述的组成部分的交叉口被建立了。海德格尔[2]把技术世界描绘为一种不吉祥的、由疏远“是”的运动造成的命运。他曾举了一架停在跑道上的商业飞机的例子：可见的对象隐藏了“它是什么以及如何‘是’”（ce qu'il est et

---

1 M. Augé, “Le fétiche et son objet,” in *L'Objet en psychanayse*, présentation de Maud Mannoni, Denoël, “L'espace analytique,” Paris, 1986.

2 Martin Heidegger, *Essais et Conférences*, Gallimard, Paris, 1988.

la façon dont il est）。被解蔽之后，“它只是作为持存物而停留在滑行道上，因为它被订造而保障着运输可能性”，为此，“在它的整个结构上，在它每一个部件上，它本身都必须是能够订造的，也就是做好了起跑准备的”[1]。将实在揭示为“持存物”（fonds）的这种质询、这种“订造”（commission）本质上是由人操作的，并根据普遍的操
73 作来表达——移位、飞翔……但是，以向人之“是”所显示的永恒真理的形式，机器的这种“持存物”确实就在于“已在那儿”（déjà-là）吗？实际上，机器在向人言说之前就向机器说话了，而且显示和渗出的本体论领域在每次出现时都是奇异的和不稳定的。

让我们再举商用飞机这个例子，这次不再以属的名义，而是通过技术上注明日期的、被取名为“协和”（le Concorde）的模型。这一对象的本体论意义上的融贯性本质上是混合的，这种融贯性就处在**世界**的星座与移动的集聚的交叉口、点上，每个**世界**都具有它们自己的本体论意义上的融贯性、它们的强度线、它们的纵坐标和横坐标、它们特殊的机器论。“协和”同时隶属于：

——具有其理论“可行性”的诸平面的**图表世界**；

——把这种“可行性”转化为物质术语的**技术世界**；

——能够有效地生产它的**工业世界**；

——与足以使之出现的欲望相对应的集体的**想象世界**；

---

1 参见马丁·海德格尔：《演讲与论文集》，孙周兴译，生活·读书·新知三联书店，2005 年，第 15 页。——译者注

——政治和经济的**世界**，导致在其他事情中间收回建造它的贷款……

然而，这些目的因、质料因、形式因和效果因终究在整体上没能达到要求！协和飞机这个对象确实往返于巴黎和纽约之间，但依旧固着在经济的地面上。在它的组成部分中，其中一个组成部分的融贯性的缺乏断然使它整体的本体论意义上的融贯性变得脆弱不堪。协和飞机只存在于 12 个样品的再生性的范围之中，并 74
扎根于未来的超音速的可能性语群。这已经不容忽视！

至于装配的指涉与部分表述的各种组成部分的一般可译性，我们为什么要如此强调建立这种一般可译性的不可能性？为什么缺乏对于拉康的能指构想的毕恭毕敬？只因为源于语言学结构主义的这种理论化使我们无法摆脱结构，并禁止我们进入机器的实在世界。结构主义的能指始终是线性的话语性的代名词。从一种符号到另一种符号，主观的效果会在没有其他本体论保障的情况下突然发生。相反，各种异质的机器，正如我们的精神分裂分析观点预测的那样，没有沿着普遍的时间化来产生一种标准的"是"。为了阐明这一点，我们将不得不在符号论的、符号学的和编码的线性的不同形式之间确立不同的区分：

——"自然的"世界的种种编码，它们会对多种空间维度起作用（例如晶体学的那些维度），并没有意味着要抽取编码的自主化算子；

——种种生物编码的相关线性，例如 DNA 的双螺旋结构，它从四种基本的化学基开始相等地在三个维度上展开；

75 ——前一能指的符号论的线性，这些符号论在平行的、相对自律的各种线上展开，即便口头语言的种种音位链似乎总是超编码所有其他的链；

——结构性能指的符号论的线性，这种结构性能指以专制的方式规定所有其他的符号化方式、征用这些符号化方式，甚至逐渐地使它们消失在信息科学主导的通信经济的背景下（请注意一点：信息科学正处于它当前的发展阶段，因为诸事物的这种状态绝不是决定性的）；

——表达的各种非能指实体的超线性，这出现在能指失去专制的地方。各种超文本的信息线能够重新获得某种力本论的多态性，并直接关系到各种指涉世界，后者绝不是线性的，况且它们往往逃避一种空间化集合的逻辑。

非能指的符号机器的信号性质料由各种“点—符号”（points-signes）构成。一方面，这些“点—符号”属于符号领域，另一方面直接介入一系列物质的机器性过程。例如，引发自动取款机运行的信用卡密码。非能指的符号图形并不只是分泌出种种意指。它们给出开始和停止的指令，尤其是它们启动本体论**世界**的“赋‘是’”（mise à l’être）。现在我们一起思考五声的音乐
76 迭奏的例子，这种迭奏在某些音符之后催化了多样**世界**的德彪西式的星座：

——围绕着歌剧《帕西法尔》(*Parsifal*)形成的瓦格纳式的**世界**，与拜罗伊特(Bayreuth)所构建的存在之域有关；

——格列高利圣咏(chant grégorien)的**世界**；

——法国音乐的**世界**，与之相伴的是回归拉莫(Rameau)和库伯兰(Couperin)时期的风格；

——肖邦的**世界**，归因于民族主义的移调作品[而就拉维尔(Ravel)来说，他挪用了李斯特的作品]；

——德彪西在1889年世界博览会上所发现的爪哇音乐；

——莫奈和马拉美的**世界**，与德彪西旅居美第奇别墅(Villa Médicis)有关。

而且向这些当前和过去的影响添加各种未来的共鸣大概是合适的，构成这些共鸣的是新艺术(Ars Nova)以来的复调音乐的再创造，其对拉维尔、迪帕克(Duparc)、梅西昂(Messiaen)等人构成的法国音乐语群的影响，其对斯特拉文斯基(Stravinsky)所开启的音乐变革的影响，斯特拉文斯基曾出现在普鲁斯特作品之中……

我们在这里清楚地看到，一方面是依据作者的线性能指的或原—书写的链，另一方面是这种多维的、多指涉的机器性的催化，两者之间不存在任何的一一对应关系。标度的对称性、横贯性，它们扩展的非话语的移动的特点：所有这些维度使我们摆脱排中律的逻辑，并使我们坚定地抛弃我们前面所揭示的本体论的二元对立。通过跨越各种本体论的界限、不可逆性的各种非线性的界 77

限、各种个体发生的和种系发生的界限、异质发生与自创生的各种创造性的界限，机器性的装配经由它的不同组成部分争得它的融贯性。这里适合拓展的正是标度的观念，以便从本体论的方面来思考分形的对称性。种种分形的机器所横贯的就是种种实质性的标度。这些机器在产生标度的时候横贯它们。但是，应该承认如下一点，即这些机器“发明”的这些存在论意义上的纵坐标自始至终都在那儿。如何支持这种悖论？这是因为我们一允许装配逃出能量—空间—时间的坐标，一切就变成可能的（包括勒内·托姆[1]所提及的时间的隐性光滑问题）。而且还是在这一点上，我们有责任重新发现一种“**是**”之“是”的方式——在……之前、在……之后、到处、别处——然而与它自身是不同一的；一种过程的、复调的“**是**”，为无限复杂化的织体所奇异化，沿着激活其潜在构成的无限速度的方向进行。

这里所提倡的本体论的相对性与表述的相对性密不可分。对**世界**的认识（在天体物理学的意义上或在价值论的意义上）只有通过自创生机器的中介才是有可能发生的。以下这一点是合适的，即自我归属的发生源存在于某个地方，以便能够达到认知性的存
78 在，不管这是何种“是者”或何种“是”的模态。在机器 / **世界**的这

1 勒内·托姆（René Thom，1923—2002），法国数学家，突变论的创始人，著有《结构稳定性与形态发生学》。——译者注

一耦合之外，种种“是者”只具有潜在实体的纯粹地位。而且它们的表述坐标是一样的。与这个星球相结合的生物界和机器界聚焦于一种有关空间、时间和能量的视点。它们描绘了一种构建我们星系的角度。在这一特殊的视点之外，**世界**的其余部分只有通过其他自创生机器存在于其他点缀于宇宙的生物—机器界中间的潜在性才会存在（在我们理解人世间的存在的意义上）。关于空间、时间、能量的视点的相对性没有就此使实在陷于梦幻之中。恰恰不可逆性的范畴被确定的时候，**时间**的范畴消解在对大爆炸理论的宇宙学思考之中。残余的客观性就是抵制可构建视点的无限变化对其进行扫除的东西。让我们想象一个自创生实体，其粒子将从不同的星系出发被建构。或者与之相反，一种认知性在夸克的范围内被确立起来。有不同的全景图，就有不同的本体论意义上的融贯性。机器界提取不同的构造，并使之现实化，而这些构造在潜在性场域中存在于无数的其他构造中间。存在论意义上的机器在机器界的内在多样性中与“是”处于同一水平。它们不是被那些超验的能指所调解，也不是被单义的本体论根基所归摄。它们独自是它们自己的符号表达的质料。作为解域化的过程，存在 79
是一种特殊的机器之间的操作，这一操作与奇异化的存在论意义上的强度叠加在一起。而且，我再说一遍，这些解域化的一般化句法是不存在的。存在不是辩证的，不是可再现的。它勉强是可以忍受的！

欲望机器，与人际的和社会的、众多的有机平衡发生断裂，颠倒各种控制，使他者占了便宜，它们与一种以自我为中心的政治学背道而驰。例如，精神分析的部分欲力与多形态的反常投注没有构建一个非凡的和异常的机器种族。全部机器性的装配——哪怕是处于萌芽的状态——都隐藏着表述的发生源，后者实为许多欲望的原—机器。为了勾勒这一点，我们必须扩大我们的跨机器性的联系，并将机器性的材料之本体论织体的光滑和图表式的反馈理解为许多强化的维度，而这些维度使我们超越那些以资本的方式直观把握机器性的**世界**的线性因果关系。我们还必须摆脱那些基于排中律和充足理由律的逻辑。通过这种光滑，出现了一种彼世之“是”(être au-delà)，也就是一种为他者的“是”(être-pour-l'autre)，后者因超出其严格的划界而使存在物此地此刻获得融贯性。在无形的指涉(或价值)**世界**的星座的背景下，机
80 器始终是一个由**存在之域**构成的发生源。关于“是”的这一逆转的“建制”就在于这样一种事实，即机器的某些话语性片段不仅实施一种功能的或意指的运作，而且还承担一种纯粹的、强度的重复在存在论意义上的功能，我将其称之为迭奏的功能。光滑就像一种本体论的迭奏，而且以这种方式还远没通过技术性来把握“是”的单义的真理，正如海德格尔的本体论所希望的那样，通向“是”的移动的和制图的诸方法一旦被获得，许多作为机器的“是”就给予了我们。不是“**是**”的，而是许多本体论的组成部分的诸种表现来自机器的领域。而且这一点没有符号论的中介、超验的编码，

就直接作为"'是'的给予"(donner-à-être)、"给予者"(donnant)。达到这种"给予"当然就已经在本体论上分享"是"。这一项当然不会偶然出现在这里，的确在这一原—本体论的层面上，肯定一种原—伦理学的维度已经是必要的。本体论星座的强度运作在某种意义上是一种"是"的选择，不仅为了自身，也为了宇宙的整个相异性与时间的无限。

之所以某些"高级的"人类学阶段应该有选择和自由，是因为这些阶段也应该在机器性串联的最基本的层之间被寻到。不过，
要素与复杂性的观念在这里可以被粗暴地颠覆。最分化的东西与 81
最不分化的东西共存于同样混沌的深处，这种混沌以无限的速度运行其潜在的记录，而这些记录既相互对抗又相互依存。如今人类得以在其"终端"构建自身的机器—技术的世界被混沌的无限速度的限定而又恒定的前景封闭了(光速、大爆炸的宇宙学前景、普朗克常量与量子物理学的基本作用量子、超越绝对零度的不可能性……)。不过，这一相同的、符号限制的世界被其他世界增加一倍、两倍乃至无限化，而其他世界在某些条件下只求在它们的潜在性**世界**之外进行分岔，并孕育可能的新场域。

正如科学机器不断地修改我们的宇宙边界一样，欲望机器、审美创造机器也是如此。正因为如此，它们不得不在主体化装配中间获得一个突出的位置，这些装配本身被选定来接替我们的陈旧的社会机器，后者不能追赶那使我们时代全面爆炸的机器革命

的繁荣昌盛。

不愿接受一种对横扫地球的大规模机器革命（冒着毁灭地球的危险），亦不愿牢牢抓住我们想赖以重建超验性的价值的各种传统体系，进步（progès）的运动，或者如若喜欢的话，也可称之为过程（processus）的运动，将努力调和价值与机器。价值内
82 在于机器。机器性的**流**的生命不仅仅通过控制论的反馈来表现自己，它也从表述的**界域**的化身、价值化的“是”的把握出发关联着**无形世界**的促进。机器性的自创生通过部分的原—主体化的发生源来将自身确认为一种非人的自为（pour-soi），并且它在“横向的”生态系统的相异性（机器系统设定自身为相互依赖的块茎）与种系发生的相异性（定位每种当下的机器性的郁滞，与过去的演变关系和即将到来的各种突变的**语群**相汇合）的双重模态下展现一种他为（pour-autrui）。价值的全部体系——宗教的、审美的、科学的、生态哲学的，等等——定位于这种介于不可避免的当下与可能性的潜在之间的机器性界面。**价值世界**就这样成为构建抽象机器的诸装配的无形的表述者，而这些装配与话语的实在性是相容的。因此，只有在原—主体化的这些发生源凭借或多或少的强度体现于有限性的纽结、混沌式把握的**界域**的限度内，这些发生源的融贯性才被确定，况且这些**界域**保证它们可能会重载过程的复杂性。因此，双重的表述是界域化的有限与无形的无限。

然而，**价值世界**的这些星座没有形成**共相**。它们扭结于奇异

的**存在之域**的事实确实赋予它们一种异质发生的潜能，也就是一
种向分化的必然的和奇异化的不可逆过程敞开的潜能。这种机器 83
性的异质发生——使“是”的每种色彩进行分化，例如把哲学概念的融贯性平面变成一个截然不同于科学功能的指涉平面或审美构成的平面的世界——最终如何被化约为一般等价物的资本同质性，被导致全部价值相等（全部临近的**界域**都与权力的相同经济尺度有关，而且与全部存在论的丰富性在交换价值上有规定的东西有关）？以一种价值论的装配来反对使用价值与交换价值之间的贫乏对立是恰当的，而这种价值论的装配包含价值化的全部机器性的模态：欲望价值、审美价值、生态价值、经济价值……资本价值（一般都归摄这些机器性的剩余价值为一个整体）从一种再域化的变革开始，后者以经济符号与货币符号的优先性为基础，并且与一种有关全部**存在之域**的全面内爆相符合。事实上，资本价值并不在价值化的其他系统之外、旁边，它构成价值化的致命的核心，这一核心与那对不可言喻的界限的跨越相一致，而这一界限介于一种被控制的混沌互渗的解域化（在社会实践、审美实践、分析实践的支持下）与一种发生于随机的黑洞之中的眩晕性摇摆（也就是一种阵发性的二元化的指涉），它不可避免地消解想
逃避资本法则的**价值世界**的整个融贯性。因此，人们只是过度地 84
把各种经济规定性置于与社会关系和主体性生产相对的优先位置上。经济法则就像法律一样必须从整个**价值世界**减除，由于**价值世界**的坍塌，经济法则不断地发挥作用。在计划经济和新自由主

义的混杂废墟之上，依据政治伦理的新目的性（生态哲学），对**价值世界**的重建作为抵偿来吁求坚持不懈地更新价值化的机器性装配的融贯性。

第三章

# 精神分裂分析的元模型化

精神分析危机重重。它陷入一种常规实践与各种僵化观念所 85
造成的困境之中。就其自身而言，社会运动因为某些共产主义政体的垮台与社会民主人士向自由主义的转变而陷入僵局。在很多情况下，个体和集体的主体性缺乏模型化。而且，既不是那即使被结构主义重新阐释过的弗洛伊德主义，也不是弗洛伊德—马克思主义，从今以后就能使社会民主人士在这一平面上前进，这一点是极其明显的。事实上，理论重构与新实践之发明的巨大工场是敞开的。我曾尝试过证实这一点，即在人格化的**共相**、结构性数元、生物或经济的下层结构的基础上重新质疑主体性的根据意
味着重新定义机器论。机器从今以后被构想为是与结构对立的， 86
因为结构与永恒感相关，而机器与对有限性、不稳定性、毁灭与死亡的思考相关。

在各种“是者”背后，被给予的不是任何单义的本体论基底，

而是各种机器性界面之中的一个平面。“是”通过无数的表述装配来进行晶化，而这些表述装配把现实化的话语组成部分（物质的与信号的**流**、机器性的**语群**）与潜在的非话语组成部分（**无形世界**与**存在之域**）联系起来。由此，有关“是”的各种独特的视点，伴随着它们的不稳定性、不确定性和创造方面，优先于那些普遍主义幻觉所特有的结构的固定性。为了在这些现实的和潜在的函子之间确定一种强度的联系，我们将不得不假定存在一种被无限速度激活的规定论的混沌。正是从这种混沌出发，那些能够在能量—空间—时间的坐标或范畴系统之中被减速的复杂构造才被建立起来。

并非开始于**表达**平面与**内容**平面之间的分节的自动系统，我们将强调它们的装配的部分算子。例如，我们将以抽象机器来替代意指的语素单位与非意指的音素单位之间的、语言的双重分
87 节的机制方面，而这些抽象机器横贯这两种异质的记录，而且能够进行分岔，产生新联想。显然没有证据证明下述情况——**价值世界**与符号机器一致运行，符号机器与具体机器和谐一致，**存在之域**没有清楚地勾勒出对世界的视点……通过使表述装配（agencement d’énonciation）成为敞开的、使之以混沌的方式被规定，**世界**、**机器语群**、**流**和**界域**这四个本体论函子的串联保存了它们的语用学的过程性。为了组合关系的分节，结构主义的方式想搁置所指、肖像（icône）、**意象**（Imago）和想象物的问题域。注意力被集中于一个互动的、被认为激活现象之格局的结构性机制。

由此，从这一格局中涌现的、本体论意义上进行晶化的视点被忽略了。音位学的、手势的、空间的、音乐的……话语性——全都与同一种能指结构（économie signifiante）有关——不得不对它们被看作是以离散的聚合图形来散播的内容施加一种绝对的控制。不过，赋之于这些话语系统以融贯性的，准许表述单子建立的，更确切地说应该在**内容**方面找寻；也就是说在这种存在功能的方面，而这种存在功能在依赖某些话语链，并使这些话语链离开它们的意指的、本义的和命题的影响时，会使它们发挥本体论意义上肯定的迭奏的角色。

**四个本体论函子的装配** 88

| | **表达**<br>现实的<br>（话语的） | **内容**<br>潜在的表述源<br>（非话语的） |
|---|---|---|
| 可能的 | Φ = 机器性的话语性 | U= 无形的复杂性 |
| 实在的 | F= 能量—空间—时间的话语性 | T= 混沌互渗的化身 |

函子 F、Φ、T、U 的任务就是把一种概念的、图表的地位（聚合的制图学）赋予潜在的、表述的发生源，后者陷入显然的表达之中。它们的矩阵式的串联必须尽可能地保存根本的异质性，而这种异质性只能通过一种话语的现象学方式来被预感。它们在这里被描述为是元模型化的，以便指出其基本目的就是考虑模型化的各种现存系统（宗教的、形而上学的、科学的、精神分析的、泛灵论的、神经症的……）在总是或多或少绕过这一模型化时探讨自指涉表述的问题域。精神分裂分析没有因此选择一种排除他者的模型化。精神分裂分析试图在给予的情境之中的各种现实的制图术的内部来使潜在的自创生的发生源变成可识别的，以便使之现实
89 化，与此同时使这些发生源横贯化，赋予它们一种可操作的图解思想（例如通过**表达**质料的改变），使它们自身在更开放的、更具过程性的、更具解域化的可调整的装配内部变成可操作的。精神分裂分析不想走向那些使复杂物简化的化约论意义上的模型化，而是积极致力于它的复杂化、它的过程的丰富性、它的分岔与分化的潜在线的融贯性的呈现，总而言之，就是致力于它的本体论意义上的异质性。

对生命的部分发生源，对那能够赋予现象的多样性以表述的融贯性的东西所进行的定位不会依赖一种纯粹的对象性描述。对在世之在的单子和自为领域的认识蕴含着一种逃离能量—空

间—时间的坐标的、移动的理解。认识在这里首先是存在论意义上的移情、非话语的互易感觉。对这种移情的陈述总是要经过一种叙述的改变过程，而这种叙述的最初功能不是产生一种理性的阐明，而是促进复杂的迭奏、促进强度性的记忆暂存与事件之融贯性的载体。只有通过诸如神话的、宗教的、幻想的故事，存在的功能才会进入话语。不过这一话语本身不是一种简单的附带现象，它是避免表述的伦理政治策略的关键。四个本体论意义上的函子 90
就像安全护栏、警示灯一样，它们的任务就是使这些策略的关键变成可见的。

例如，古典文化的**无形世界**——与一种多神论的和解（这种和解与众多的部落和种族的**界域性**有关）相结合——伴随着信仰三位一体学说的、以十字架符号的迭奏为标志的基督教革命，经历了一次激进的重组，而这种十字架符号的迭奏不仅将全部的社会的**存在之域**，而且将全部身体的、精神的和家庭的装配，重新以独特的基督道成肉身和受难的**存在之域**为中心。对主体屈从的这一令人闻所未闻的强硬措施显然超出了独一无二的神学范围！这种关于罪孽、忏悔、身体和性征的标记、救赎性中介的新型主体性，也是新的社会配置、新的臣服机器（machines d'asservissement）的一个关键性零件，而这些社会配置、臣服机器不得不跨越罗马帝国晚期的残垣断壁与即将到来的封建秩序和城市秩序的再域化来找寻自身发展的道路。

与我们更接近的是弗洛伊德主义的神话—概念的叙述也引

起了一次对本体论意义上的四象限的重组。潜抑的整个动力的和拓扑的机器装备支配了力比多的**流**的结构（l'economie des Flux de libido），而一个有关（临床方法曾绕过的）表述的发生源的领域——梦的、性的、神经症的、幼稚的、与口误或笑话有关的秩序的领域，侵袭了前面表格的右半部分。被称为不矛盾的、对立物
91 之异质发生的**世界**的**无意识**掩盖了症状的显而易见的**界域**，而症状倾向于自主化，倾向于自创生的、移动的和病原性的重复，这种倾向威胁了自我的统一性。况且这种统一性将在越来越不稳定的甚至分形化的分析临床的历史发展过程中显示出来。弗洛伊德的制图术不仅仅是描述的，它与移情和阐释的语用学密不可分。况且在我看来，从一种意指视角来摆脱语用学，将语用学理解为表达方法的转变和本体论纹理的突变，是适合的，这些本体论纹理释放出可能的新线条，而且这仅仅因为把倾听与模型化的新装配置于合适的位置。梦，作为被更新的兴趣的对象，被描绘为一个隐藏着无意识之钥匙的故事，经过自由联想的筛选，遭受了一场深刻的突变。正如意大利 14 世纪出现新艺术革命之后，人们在欧洲文化圈中不再以同样的方式听音乐一样，梦及梦的活动在其新型的指涉装配中，以内在的方式在本性上发生改变。而与之同时发生的是众多精神病理学的迭奏将不再以同样的方式被体验，并因此被模型化。每天洗无数次手的强迫症患者将在一种深刻被改变的**指涉世界**的语境中加剧他的孤独和焦虑。

92 通过发明分析配置，弗洛伊德的模型化突出了主体性生产的

某种丰富性，扩大了它的指涉星座，强调了一种新型的语用学的敞开。不过这种模型化很快遭遇了各种限制，伴随着其家庭至上主义的和普遍化的构想，其使解释变得刻板的实践，尤其是伴随着其超越语言符号论来获得场域的困难。当精神分析通过神经症的幻象来使精神病概念化时，精神分裂分析根据精神病的在世之在的方式来接近主体化的全部模态。因为除了这里，没有任何地方会被剥夺日常生活的平常的模型化（各种“日常生活的格言”），这些格言阻止了非—能指的存在功能、全部可能的模型化的零度。伴随着神经症，症状性的质料继续沉浸于主导性意指的环境之中，而伴随着精神病，标准化的此在世界失去它的融贯性。因此相异性就这样变成了首要的疑问。例如，在面对对象世界的地位之前所产生的谵妄和幻觉之中变得脆弱的、破裂的、分裂的就是他者在我之中的视点，就是与体验的身体和可感觉的身体相组合的可辨识的身体；正是相异性的标准坐标给可感的明晰性提供基础。

精神病不是一个结构性对象，而是一个概念；它不是一种不活动的本质，而是一个在与那个事后将变成精神病的人完全遭遇 93
时始终重新开始的阴谋。因此，概念在这里不是一个封闭于自身的单位，而是相异性到了极不稳定程度所出现的、抽象机器的化身；不可磨灭的标示正是任何东西在这个世界中能够随时中断的。**无意识**与概念密切相关：它还是一种在主体性出现时加以占有的无形的建构。不过，恰恰概念时时刻刻有可能变得臃肿，它必须不断地清除那以再域化相要挟的文化糟粕。由于那些使主体性变成现实的事件的危害性，概念要求被重新激活，以机器的方式被重载。精神分裂症的断裂是进入**无意识**的涌现性分形的捷径。可以被称之为精神分裂症的还原超越现象学全部的本相还原，因为精神分裂症的还原导致了与非—能指的迭奏的遭遇，而这些迭奏重新提供叙述，在骗人的把戏中重建存在论意义上的叙述性与相异性，哪怕它们是谵妄的。让我们顺便指出一种在精神分析与现象学之间出现的、奇怪的交叉移位：当精神分析基本上缺乏精神病的相异性（尤其是因为其关于认同的物化的构想与不具备思考强度性的生成的能力）时，现象学尽管提出有关精神病的最佳描述，但不知道如何通过精神病来揭示叙述模型化的奠基者的角色（幻想的、神话的、浪漫的……），迭奏无法绕开的存在功能的载体。
94 我们在这里找到了德尔图良悖论的原因：因为圣子耶稣死亡、埋葬和复活是不可能的，所以这些事实才被认为是确凿无疑的；因为弗洛伊德的理论在很多方面是神话的，所以它才能启动突变的主体化的各种迭奏。

精神分裂分析的元—模型化以存在的本体—逻辑（onto-logique）、机器论（machinique）代替以单义的方式被描述的集合的传统逻辑（以至于我们始终能够毫不含糊地懂得一个要素是否确实是它的一部分），而存在的对象不会被限制在外在的和固定的坐标中间；而且这一对象任何时候都能够超越自身，能够随着与之共存的相异性的**世界**相消长。如前所述，丹尼尔·斯特恩的著作在婴儿人际关系发展的背景下阐明这种横贯性的实体。[1] 儿童前语言阶段的动物生态学其实显示出这样一个心理世界：在这一世界中，家庭成员尚未建构自律化的结构性极点，不过用我自己的术语来讲，家庭成员从属于分离的、多样的和混杂的**无形世界**和**存在之域**。母亲、父亲、兄弟姐妹构成的**世界**，也就是自我的**界域**，聚集于一种自创生的滚雪球现象，而这种现象完全使自我意义与 95
他者意义的发展变成相互依存的。

主体化的初级装配，丹尼尔·斯特恩将其命名为"涌现的自我"(emergent self)，婴儿一生下来就出现了，并展现出来，直至两个月大。在任何语言或身体的差别性之外，这一装配发展了一个有关形式、强度、运动与数的早期知觉的**世界**。这些抽象的和非模态的形式横贯各种知觉域而被确立起来，因为婴儿一出生就具有看和感觉其所听到的东西的非凡能力(反之亦然)。"涌现的自我"——氛围式的、移动的、融合的、可传递的——忽略了主体—对象、自我—他人的对立，当然还包括阳性—阴性的对立。恰恰绝对的母亲哺乳的领域没有顺从俄狄浦斯情结的三角构造，不过事后可能是精神分裂症式的兄妹乱伦的选择场所。作为涌现的**世界**，记录全部无形生成的可感底片，这一"涌现的自我"决不

1 Daniel Stern, *The Interpersonal World of the Infant*, Basic Book, Inc. Publishers, New York, 1985. 法译本参见：*Le Monde interpersonnel du nourrisson*, P.U.F., Paris, 1989。

被比作一个心理发生期，比如口唇期。首先，因为它不是一个发展阶段，既然它将持续平行于自我的其他构成，它便将萦绕着成年人梦幻的、爱恋的和诗意的体验。其次，因为“涌现的自我”使之运行的口唇性在被动的意义上不是生理的，也不会被化约为一个有关推力、根源、目的和欲力对象的问题，它是主体化的部分发生源，而这一主体化向更加异质的**指涉世界**敞开时在主动的意
96 义上是机器性的。例如，对口唇期狼吞虎咽的幻想或返回母腹的幻想诉诸一个既不是实在的、想象的，也不是象征的母亲，而是宇宙生成的母亲，也就是与废止差不多的过程性涌现的**世界**。在这一点上，我们并没有因此就受到荣格的普遍**意象**或诸如盖娅或克洛诺斯的神话的影响。嘴和乳房实为迭奏—算子的**世界**以对立的和异质的方式被点缀：它们创立奇异的事件。

婴儿在 2 至 6 个月时，核心自我（core self）将其自主一致性赋予本己身体与身体图式。于是，本体感受的和外感受性的与料变成互补的，而感觉运动的整合过程平行于那些与介质的相互关系而展开。行动、身体总体化、感受归属与个人原史（proto-historicité）的**界域**被建立和加固了。身体性的这一**世界**可能发生的脆弱变化稍后以紧张症、歇斯底里症、现实感丧失或类妄想症的形式表现出来。我们还在死亡（也就是在强迫性神经症中占据优势的身体死亡、死尸、器官的腐烂）的其他形象的根源上找到这一世界。

婴儿在 7 至 15 个月时发生的主体自我（subjective-self）的建

构与情感性的结构化相关。所谓的调和的辩证法被确立于种种可与他人共享的感受和不可共享的感受之间。存在着一种对如下事实的认可，即他者能够体验主体为了自身所体验的某种事物。正 97
是在这一原—社会的、始终是前—言语的**世界**的内部，诸如家庭的、种族的、城市的种种特性才被传递，让我们将其称为**文化无意识**。婴儿在大约 18 个月时，这一主体的界域性在镜子前被自己身份的称呼（名与姓）加冕了。

幼儿从两岁开始，言语的自我（verbal self）在他与他人分享语言意指时就产生了。他展现了人称学身份与家庭情结的结构性场景，伴之以它们的认同、敌对、冲突、违拗、否认的游戏，它们的肛门的、教育的训练，它们的禁令，它们的对僭越与惩罚的投注……他将被与学校装配相结合的书写的自我替换，随之是伴以生殖成分侵入的青春期自我，然后是青少年时期的班级的自我、职业的自我等。全部置于现实的**指涉世界**相互重叠于一种无形的、存在的集聚之中。在这些**世界**之一种世界将处于最显著的位置时，严格地说对他者的潜抑是不会存有的，不过他者是备用的、潜伏的，或许被伴以背景星座的融贯性的丧失；而且这一背景星座没有融入拓扑空间之中，也没有在能量结构的内部实现平衡。对欲力，对拓扑的、动力的或能量的领域的任何隐喻性再现有可能任意地绕过这些**存在之域**的晶化的疑难特征，而这些界域同时是无 98
形的、强度的和多语义分析的。例如，口误在这一视角下不是被潜抑的**内容**的冲突性表达，而是**世界**的肯定性的指数表现，**世界**

竭力探寻自身，像神奇之鸟一样来撞击窗户。

精神分裂分析显然不在于模仿精神分裂症患者，而是像精神分裂症患者一样跨越非意义的障碍，这些障碍禁止进入主体化的非一能指的发生源，禁止那使模型化的僵化系统发生变动的唯一方式。精神分裂分析意味着最优地扩大那些进入**无意识**之构成的语用学入口。例如，孤独症尽管不再以排他的方式与母亲哺乳时期的幼儿似的倒退有关，但是孤独症将易受那些除了对移情的干预之外的其他干预影响，而对移情的干预直接针对身体和投射性的认同。实际上，其混沌互渗的**世界**可以被饰以除了人格化母亲的**意象**之外的许多**意象**，被饰以诸如植物的、动物的、宇宙的或机器的生成……因此，精神病的情结将不会完全依赖口语的交流和个体化的移情。在建制性精神治疗的语境中，精神病治疗通过移情的更新方法来展开，而移情自此以后聚焦于身体的各部分、个体的星座、群体、建制性集合、机器性系统、经济符号学等（移情的
99 嫁接），并被构想为欲望的生成，也就是移动的、存在的强度，不可能限定为区别性的单位。这种治疗步骤的目的将是尽可能地扩大那些重构病人之**界域**的可供方法的范围，这些**界域**是身体的、生物的、精神的和社会的。这种治疗步骤为了这一效果将涉及多种符号矢量，这些矢量关系与身体性有关，与体态性、姿态性、面容性特征、空间性有关，并与丹尼尔·斯特恩所描述的前言语装配的各个层次有关。被视之为自创生的和横贯性的社会机器的集合，治

疗的建制将会变成一个有利于这些矢量辨别的场域，而这些矢量重新切分个体化的主体性，对其施加影响，好像不在乎它一样。

例如，让我们考虑一下厨房在拉博德诊所建构的建制性次级集合。这一次级集合联合极其异质的功能维度、社会维度和主体维度。这一**界域**能够实现自身封闭，能够变成循规蹈矩的行为和态度的场所，其中每个人都机械地实施他的小迭奏。不过他还能够充满活力，能够启动存在的集聚、欲力的机器——不仅仅是口唇域的——这一欲力的机器将对那些参与它的活动或仅仅经过的个人产生影响。于是，厨房变成一个小的戏剧场景：我们在那里谈话，跳舞，使用各种厨具、水和火、蛋挞的面团和垃圾桶，威信与服从的关系。作为食物烹饪的场所，厨房是物质的、信号的 100
**流**与任何补给的交换中心。不过**流**的这种代谢将会仅仅具有移情的意义，只要装置集合有效地作为接纳精神病患者的前言语成分的结构起作用。气氛、语境主体化的这一活力本身以这一建制性子集之于建制其他部分的开放程度（横贯性参数）为指数。幻想的符号化——例如重新化身为“Lustucru 爸爸”的厨师长——因此取决于外部的算子。从这一视角看，厨房的良好运行与其建制的主体化的其他部分发生源的组合密不可分。[小型委员会（la commission menu）、活动的日常信息清单、糕点房、温室、花园、酒吧、体育活动、厨师与医生之间就他们打交道的病人进行的联合……]靠近像厨房一样的建制性次级集合的精神病患者因此穿过了一个精心设计的表述领域，这一表述偶尔能够在某种程度上被封闭在自身之上，被屈从于种种角色和功能，不过表述偶尔觉得自身与相异性的**世界**有直接关系，后者使精神病患者摆脱其存在论意义上的包围。与其说通过自愿决定，倒不如说通过无意识的集体表述装配的诱导，精神病患者才不得不采取主动性，接受某项责任。让我们强调这一点，即“集体的”（collectif）在这里不
101 等于“群体的”（groupal）；正是定性（qualification），一方面归摄人类主体间性的诸要素，另一方面归摄前个人的、可感的和认知的诸模块，微观社会的诸过程，社会想象物的诸要素。它以相同的方式作用于非人的、机器性的、技术的、经济的主体构成。因此，正是项与异质的多样性的项是等价的。由此，在建制性精神治疗的语境中，我们以过于图式的方式称之为治疗者—被治疗者的关系被分解为异质的维度：一是，精神病学的知识与技术性，与那些从疾病图表的角度被充分限定的错乱有关；二是，在持续地精心设计的集体的**界域**内部发生的社会激化；三是，对由精神病的**世界**所产生的存在论差异的移动的把握。知识确立了集体的社会生活倾向消解的距离，而存在论的顿挫产生了更加隐秘的和谜一般的接近。在这一领域之中进行的配型将以相对和谐的方式接合这三个维度，在向精神病进行混沌互渗式的俯冲之后，向社会和技术回归的时间显然是最成问题的。

最具孤独症特点的精神世界本身不缺乏相异性。只不过相异

性被牵涉进一种与社会性的主导装配断绝关系的世界星座之中。种种联系能够被投向精神病患者，通过那些赋予世界的这些组成 102
部分之中的某些组成部分以融贯性的中介，或者通过预先不存在的其他组成部分的聚集。（通过对主体而言仍然是新颖的表达质料的入口，例如这些表达质料相关于造型艺术，相关于音像、音乐、剧院或者只是……厨房！）精神分裂分析的制图术就在于识别这些缺乏融贯性或存在性的组成部分。不过这里涉及一项基本上不可靠的事业、一种连续的创造，而这种创造没有受益于任何预先确定的理论支撑。为了继续探讨这同一个例子，关于拉博德诊所厨房的表述的出现将会使之承担部分分析程序（analyseur）的角色，从前没有任何保障。这种审级的自创生的性质要求对装配进行持续的更新，对其接纳各种非—意指的奇异性的能力进行检验——令人难以忍受的患者、难以解决的冲突——要求不断地重新调整它向外部的横贯性敞开。只有表述的部分发生源的网络——囊括群体、会议、工作室、活动、职责、自发性的星座、个体的责任——将会迫不得已地追求建制性分析程序的这一头衔。精神治疗专家在他的办公室进行的工作只是这一复杂装置的一个环节，个体化的移情只是前面提及一般化移情的一个要素。正如精神分裂症患者中断了与主体个体化的联系，同样对**无意识**的分析将不得不重新指向主体化的非人的过程，我将这些过程描述为机器性的，不过它们是更人性的，而在尼采的意义上是超人的。 103

这种新型的程序不是留给对精神病患者的分析，而是还关系到神经症患者、精神变态者、正常病患者（normopathe）——根据让·乌里巧妙的表达。这一程序还质疑了即将到来的分析装置，后者就处在有关教学法、邻里生活、老龄生态学的领域之中，处在分子革命的整个场域之中；这一程序为了摆脱当代的社会荒漠化而运行。分析的元模型化的理论重构的利害关系是更加重要的。这首先意味着摒弃精神分析的普遍性的和超验的概念，而这些概念僵化了对**无形世界**、奇异化的和异质的各种生成的理解，并使之变得枯燥乏味。在这一点上，拉康的**能指**的概念在我看来是一种极难被接受的、用来对精神病进行制图的工具。这一概念对主体性的机器性形式更为不利，而这些形式通过大众媒介、信息技术、计算机通信的新方法，以及交换、移位与通讯的“球道的”［dromosphériques，保罗·维利里奥（Paul Virilio）］速度的膨胀开始发展起来。拉康式的**能指**使各种符号学同质化，丧失了许多符号学的多维性特征。它所具有的基本的线性特点——承继于索绪尔的结构主义——并没有使它理解表述的部分发生源的移动的、
104 非话语的、自创生的特征。信号的拓扑结构总是指涉另一个信号的拓扑结构，从未摆脱集聚的跨—拓扑的维度，而这一维度显示了强度性的**界域性**的特征。

让我们根据拉康对弗洛伊德关于 18 个月大的婴儿的著名观察的重新解读来阐明这一点：孩子不断地将末端系着线的线轴扔出带帘子的床外，同时伴有“呜呜呜”（Oooo）的声音。弗洛伊德将孩子扔出去时发出的声音翻译成成年人的德语“Fort”（远），

将孩子拉回线轴时发出的声音翻译成“Da”（这儿）。[1]通过这一Fort-Da的迭奏，弗洛伊德认为孩子不断地重新演绎着母亲的离开、缺席与返回。此外，他还尤其强调扔出和痛苦特征的第一序列，将其视为更重要的。他将这种重复的享乐（在他看来是童年时期特有的，而成人更倾向于一种对新生性的欲望）与诸如偶然发生的梦的重复联系起来，人们可以在某些创伤性的神经症中寻到这些梦，或者与对精神分析的移情中无限被重复的令人感到压抑的种种感受的重复联系起来。他更宽泛地用它来指涉他所谓的重复的强迫（Wiederholungswang），它会在施虐狂、受虐狂、双重性、欺凌性和大多数神经症中起作用。这种强迫表现了一种不可抑制的趋向（他多次将其描述为魔鬼缠身的），趋向于完全解除兴奋，消除张力与冲突。他的结构不再符合快乐原则，而快乐原则往往会 105
用一种愉悦的状态替代一种痛苦的状态，因为这种替代无限地重复一种令人不悦的状态。更确切地说，这种替代与这种快乐原则对死亡欲力的顺从相一致，也就是说一种从自身转向无机状态的生命的假定趋向——因为生命欲力只不过暂时地朝着生命的方向兜圈子。当拉康在他的《文集》[2]中提及这种Fort-Da的迭奏时，不再考虑对母亲缺席的疑问。根据他的观点，这基本上涉及一种介于两种音素的掩饰游戏与往复的音步划分之间的交汇。向对象回

1 Freud, Au-delà du principe du plaisir, *Essais de psychanalyse*, Payot, Paris, 1966, p.15.

2 Lacan, *Écrits*, Seuil, Paris, 1966, p.319.

归的期待被建构为“预期的挑衅”（provocation anticipante），后者成型于“两种基本的欢呼的象征性对接之中”，而且在主体之中预示“音素二分的历时性整合，其现存的语言向他的同化过程提供了共时性的结构”。

弗洛伊德把儿童的复杂游戏化简为母亲的缺乏，并使之依赖死亡欲力，而拉康把这一复杂游戏拴在了“现存语言”的能指话语性上。无法避免这种天真无邪的迭奏进一步被死亡所标记的东西，的确是以更加黑格尔主义的方式进行的，因为拉康就这一象征补
106 充说，它“首先表现为对物的谋杀，而且这种死亡在主体之中使他的欲望永存”。由此，线轴、线、帘子、观察者的注视，表述装配的全部奇异性特征就落入了**能指**的陷阱。拉康并非承认孩子通过这种迭奏来使可能的新颖**世界**与无数的潜在的沉降物对接，而是将这种迭奏定义为“象征界的授精点，而这一象征界先于婴儿主体而存在，并且根据这一象征界，婴儿将不得不结构自身”[1]。结构在这里先于机器，并把机器困在一种使之剥去全部自创生的和创造的特点的运作之中。象征界就像规定论的精神负担、致死的命运一样影响**无形世界**的可能发生的分岔。拉康所提及的欲望之永存是一种僵化——此外，他在接下来的句子中提及了这样的观点，

1 Lacan, *Écrits*, Seuil, Paris, 1966, p.594.

即墓地是人们由之辨认人性的第一种象征。

精神分裂分析并不会像弗洛伊德那样使 Fort-Da 的迭奏依赖于一种对母亲的挫折感和各种关于生死的普遍原则，也不像拉康那样使 Fort-Da 的迭奏依赖于超验的能指秩序。精神分裂分析将 Fort-Da 的迭奏视为一种为了言语自我——与涌现的自我、原子自我和主体自我的其他装配共生共存——的装配而运行的欲望机器，并由此开启了对对象、触觉、空间性的新控制，而这一空间性有别 107
于温尼科特的过渡空间。[1]正如弗洛伊德所观察的，Fort-Da 游戏可从其他行为中被重新发现，能够就母亲的实际缺席抑或孩子与他自己的镜像的游戏来表述 Fort-Da 游戏，而孩子会使他的镜像出现和消失。实际上，这关系到一种丰裕的、多价的、异质的机器，而这种机器既不会被合法地固定在母亲—口唇的郁滞上，也不会被固定在言语活动的郁滞上，尽管机器不容置疑地参与其中。机器完全是这一个，与此同时它还是其他事物！我们在这里将不得不在致命重复的机械观念与过程性敞开的机器观念之间进行选择。当然一种精彩的表达方式在弗洛伊德的预感中是存在的，他预感了一种介于重复的自动性与死亡欲力之间的关系，而对我来说，我宁愿将这种关系归因于一种萦绕着任何欲望机器的废止欲望。两

---

1　*La Psychnalyse*, tome V, P. U. F., Paris, 1959.

种区别性的欲力（**爱欲**与**死欲**）之间不存在面对面或隐秘而错综的关系，而是混沌与复杂性之间存在着以无限速度进行的往复运动。Fort 是混沌互渗式的俯冲，Da 是对一种被分化的装配的控制。欲力不像死亡欲力（弗洛伊德乐意以此种方式来描述它）那样是“保守的”。对失败的强调、刺入肉身的永恒回归、（神经症的“厄运”偶尔能够把握的）魔鬼附身般的宿命的表象，都一心要维持一种装配之融贯性的丧失，或如之所愿地维持融贯性之丧失的融贯性（再
108 域化）。向混沌互渗的内在性的俯冲在那里始终要监视最微弱的故障。这种俯冲的出现以或强或弱的强度萦绕着不稳定的情境——难以忍受的缺席、哀悼、嫉妒、器官的脆变、宇宙的眩晕……与之相应的祛魅仪式能够变成固恋、物化的迭奏，也就是一种对痛苦或不幸的执拗忠贞度。我们的确在这一点上疏远了玩 Fort-Da 游戏的孩子的可能令人高兴的迭奏。生命欲力与死亡欲力的二元论假设的**无意识**，就像**能指**（上下文之中的“物”的谋杀犯）的超验性的**无意识**一样，通过使之失去内在性来使混沌互渗式的废止僵化；这两种欲力将它的内在性转化为致命的否定性、死尸般的对象。对语言进行某种资本的、化约论的应用当然会把语言引向离散的二进制单位的能指线性的状态，而这些单位使那被迫处于中立的“指涉对象”的状态的**内容**的多义性质消失，使之沉默，使之虚弱，而且加以扼杀。分析工作难道不就是以符号学的异质性来重载**表达**，不就是与马克斯·韦伯所揭露的对当代世界的祛魅、去神秘、去诗意化背道而驰吗？

第四章

# 精神分裂症的混沌互渗

根据谵妄来理解的“正常性”(normalité)，根据弗洛伊德学 109
说的初级过程来理解的技术性逻辑，这是一种朝向混沌的双人舞，
以便尝试着确定一种远离主导性平衡的主体性，以便捕捉它的奇
异性(singularité)、涌现与新生的潜在线：被泛灵论的突转所延
伸的狄奥尼索斯式的永恒回归或哥白尼式的悖论性逆转？至少，
现代性的源始性幻想不断地枯竭，没有期望后现代的宽恕。这始
终是相同的疑难：在其特异性(étrangeté)之中被围住的，在无回
归的相异性中被物化的疯狂仍然萦绕着我们对世界的平常的、无
质性的理解。然而，我们必须更进一步：混沌性眩晕——在疯狂
之中找到其有特权的表达之一，是由主体—对象关系的基础性的
意向性构成。精神病暴露了在世之在的本质性的活力。 110

实际上，以精神病的“是”之方式领先的——而且根据在童年时期的“涌现的自我”(丹尼尔·斯特恩)的“是”之方式中或在审美

创造的“是”之方式中的其他模态——就是“先于”话语性的实在闯到主体的场景的前面，而话语性的移动的融贯性完全是扑面而来。这一实在由于病理性的意外而凝聚、僵化，变成紧张症的，抑或实在始终就在那儿——无论过去还是未来——伺机以除权弃绝之惩罚的名义来激活假定的象征性阉割，我们必须这么思考吗？也许跨越这两种视角是必要的：实在已经在那儿，作为敞开的潜在的指涉；实在相应地涌现，作为奇异事件的独特生产。

当结构主义者以拓扑的方式相对于神经症的**想象界**与正常性的**象征界**来设定精神病的**实在界**时，他们太仓促了。他们在这一方面得出什么结论？通过设立**实在界**、**想象界**和**象征界**的普遍数元——被认为每一项都是为了它们自己而设立的零件，它们物化、简化了利害关系的复杂性，也就是那些实在—潜在的**世界**的晶化，这些世界从大量想象的、以最杂多的方式被符号化的**界域**开始被装配。各种实在的装配——例如有关日常生活、梦、激情、
111 谵妄、抑郁与审美体验的装配，它们彼此并不具有同样的本体论底色。而且它们对其他审级不是被动地忍受、机械地接合或辩证地三角化。一旦融贯性的某些自创生的界限被跨过，这些实在的装配在构建部分主体化的发生源时就开始为了自身而工作。让我们强调一点，即它们的（符号化的、编码的、催化的、模塑的、共鸣的、认同的）表达工具没有归并为唯一的能指结构。建制性精神疗法的实践告诉我们集聚这些多样的实在或潜在的郁滞的众多模态：身体与体质的模态、自我与他者的模态、生活空间与

诸时间迭奏的模态、家庭社会与为了敞开其他可能场域而人为设计的社会的模态、精神治疗的移情的模态，乃至那些非物质**世界**的模态，它们属于音乐、造型形式、动物生成、植物生成、机器生成……

精神病实在的种种装配当它们在诊所出现时就建立了生产的其他本体论样式的优先探索之路，因为它们揭示了精神病实在的剩余方面、有限经验。由此精神病不仅萦绕着神经症和倒错，而且萦绕着正常性的全部形式。精神病的病理学详细解释了这一点：出于某种原因，介于那些使主观表述存在不同样式之间的被期待的种种往复与“正常的”复调关系经历了它们的异质性，而这种异 112
质性为重复（我将其描述为混沌互渗的、存在论的郁滞的排他性审级）所牵累，并能够呈现出诸如精神分裂症的—妄想狂的—躁狂症的—癫痫的系列的全部色调。在任何其他地方，这种郁滞如果被把握也只有通过回避、移位、误认、变形、超规定、仪式化……在这些条件中，精神病可以被界定为对实在的催眠。这里自在的意义在任何话语的图式方面被规定，而这类图式只有通过一种强度的连续统来设定，连续统的区别性特征被把握，不是通过再现装置，而是通过移动的存在论的吸收作用和前—自我的、前—认同的集聚。当精神分裂症患者好像被安置在这一混沌张口的充实中心时，妄想症的谵妄就表现出一种占有它的无限意志。就其自身而言，有激情的谵妄［塞利厄（Sérieux）、卡普格拉（Capgras）和德·克勒朗博（de Clerambault）］突出了一种独占越不是封闭的就越是过程的混沌互渗的意向性。各种倒错已经涉及了相异性的极点的能指性重构，被赋之于这些极点的是从外部使被幻想的脚本所遥控的、被控制的混沌互渗具体化。至于神经症，它们呈现出回避的、前面提及的全部变种，始于恐怖症最简单的、最物化的变种，接着是在社会空间和身体之中融合其替代物的歇斯底里症，从而终于强迫性神经症，后者就它自
113 身而言散发出一种永恒的、时间性的“延异”（德里达），一种无限的延宕。

混沌互渗的内在性这一主题与这些疾病分类学的些许变异的确需要其他的发展，它们在这里被提出来仅仅为了诱使这样一种观念，即精神病特有的本体论领会绝不是一种单纯的混沌性退化、一种所有变元都等于零的熵增过程。这可能关系到如何调节混沌与复杂性。（弗洛伊德的功绩就在于他在《梦的解析》一书中指明了道路。）一是本体论的指涉对象的同质发生，一是经由它的主体化其他模态的潜伏的同质发生，为什么把这两种同质发生描述为混沌的？这是因为，不管怎样，置感官的装配于世界始终意味着大规模地、直接地掌握全部的语境杂多性，也就是在未分化的或更确切地说是去—分化的整体中掌握一种融合。一个世界只需被一个（解构的、去总体化的、解域化的）脐点所栖居才会被构建，从这个脐点开始，一种主观的设定性出现了。在混沌互渗的这样一种发生源的影响下，全体的微分项、区别性对立、话语性极点都

是一般化的联通性、未分的可突变性、系统的去资格的对象。降压的这种液泡同时是自创生的核，在这一核上，不断被重新确定的和被卷入的是**存在之域**和指涉的**无形世界**，它们持续，并获得 114
融贯性。一是一种混沌性“领会”(grasping)的状态，一是扎根于物质世界坐标之中的装配的展开，介于这两者之间的无限速度的这种振动在空间与时间方面、空间化与时间化的过程的方面被建立了。意义的形成与事物的状态由此在使其复杂性存在的相同运动中被混沌化，使世界的构成、器官性、功能性及其相异性关系处于混沌性不适的某种模态始终植根于世界之中。

不同于弗洛伊德的元心理学，这里被比较的将不会是生与死、复杂性与混沌的两种对抗性欲力。在混沌互渗的背景下显现出最具始源性的对象意向性。混沌不是一种纯粹的未分化，混沌拥有一种特殊的本体论肌质(trame)。混沌被不具有普遍性的潜在实体和相异性模态所萦绕。因此，这不是一般意义上的“**是**”——闯入了精神病的混沌互渗的体验，或者闯入与之不能被维持的、移动的关系，而是一个注明日期的、被签名的事件，它指明了命运，使以前被分层的各种意指改变方向。在这种去资格的与本体论同质发生的过程之后，不再有任何东西会像以前一样。然而，事件与被揭示的“是”的纹理密不可分。这就是精神病的光晕(aura)证实的东西，其时精神病的光晕把世纪末日的灾难感[弗朗索瓦·托斯盖勒(François Tosquelles)]与令人震撼的、全部可能的逼近的救赎感联系起来，或者换言之，与介于意义的激增的复杂 115

性与总体的空洞性、无须诉诸存在论的混沌互渗的无依无靠之间令人神魂颠倒的往复运动联系起来。

在对谵妄、梦与激情的移动的理解中，有必要辨别的就是本体论的僵化，也就是诸“是者”之异质发生的存在论的冻结，这种异质发生在这一理解中根据特殊的风格表现出来，这一本体论的僵化始终潜伏于主体化的其他模态之中。本体论的僵化就像影像的定格一样，而影像的定格同时显示了它在混沌互渗的组成部分的复调音乐之中的基本的(或低音部的)设定，并强化了它的相关潜能。因此，本体论的僵化不是一种主体化的零度，不是一个否定的、中立的、被动的、不充分的点，而是一种极端的强化程度。正是通过这种混沌的“着地”(prise de terre)、危险的振动，其他的物才变成可能的，本体论的分岔与过程创造性的参数之涌现才能出现。精神病患者不能进行异质性的重建，这一事实不会否认他不由自主地面对的、本体论实验的丰富性。这就是造成以下这一点的所在，即谵妄的叙述性——作为**指涉世界**或非话语实体的晶化所实现的话语潜能——构成神话的、神秘的、审美的甚至科
116 学的世界的建构与重建的范式。混沌互渗的郁滞的存在绝不是精神病理学的特权。我们可以在诸如帕斯卡尔乃至最信奉理性主义的那些作者的哲学中寻到这些郁滞的出现。笛卡尔的普遍怀疑的顺序——与“我思”(Cogito)发生了一场极其急迫的遭遇，与上帝的重逢和世界的重建随之而来——可能类似于精神分裂症—混沌

的这种化约过程：复杂性与相异性被（恶神）诱惑而放弃斗争，这一事实在另一方面被加强的时空坐标之外给主体性提供一种逃避的补充性潜能。在更一般的意义上，能够被考虑的是，意义的脱落始终与话语性的非—能指链的促进过程相关，而这些链被用于自主融贯性的本体论编织。与事件有关的断裂由此突然发生在“是”的中心，而且正是从那里，这种断裂能够产生新的本体论突变。区别性对立以及与符码、信号、能指相关的句法结构和语义学追逐着它们的循环变化，不过是在它们的起源方面。正如在谵妄中一样，信号系统与符号学脱落了。精神分裂症的混沌互渗是一种抽象机器的统觉方法，而抽象机器横贯地作用于异质发生的郁滞。经由混沌互渗的同质发生的过渡——可能是（不过这从未机械地或辩证地被保障）一条进入复杂的（complexuelle）异质发生的道路——不是“是”的一个半通明的、未区分的区域，而是一 117
个不能忍受的、本体论意义上的神创论的发生源。

通过拆除本体论意义上的异质发生——将它的杂多性赋予世界和将它的分心（在帕斯卡尔意义上）赋予主体性，精神分裂症的同质发生加重了混沌互渗的横贯性的潜能，也就是它的横贯种种层和跨越种种障碍的禀赋。由此产生了许多精神分裂症患者不断被揭示的能力，就如同不经意间揭示他们的谈话者的最隐秘的意图，在某种意义上流畅地解读**无意识**。从其能指的、话语的约束中释放出来的复杂性因此就体现在抽象机器的、哑然的、不动的和令人惊愕的舞蹈之中。警惕对孤独症和分裂等范畴进行简化的和物化的运用是恰当的，以便描述精神分裂症的特异性、对种种抑郁症的生命感的丧失、癫痫的心理程序减缓……我们打交道的与其说是正常主体性的整体而标准的各种亏空的变动，倒不如说是自主相异性的既是复数的又是单数的模态。我是一个他者，是无数的他者，体现在部分表述的组成部分的交叉口上，而这些组成部分从各个方面溢出个体化的同一性和有组织的身体。混沌互渗的光标不断地振动于这些多样的表述发生源之间，不是为了在超验的自我之中使它们总体化、综合化，而是为了不顾一切地创造它们的世界。我们由此面对着两种同质发生：一种正常的与/
118 或（et/ou）神经症的同质发生，它避免向精神分裂症类型的、混沌互渗的化约方向走得太远和太费时间；一种是极端的、病理学—移动的同质发生，而这种同质发生导致了尘世装配的设置点（point de positionnement），从中被寻到那些联合在一起的不仅有嵌入时间和空间的感性成分、情感成分和认知成分，而且还有价值论的、伦理的和审美的“负荷”。在精神分裂症的本体论的被动方面，我们因此找到化约的同质发生以及**指涉世界**的色彩、味道和音色的丧失，而在它的主动方面，我们找到一种摆脱自我的模仿性障碍的、涌现的相异化过程。“是”被确定为对他者的责任（列维纳斯），其时部分主体化的发生源被构建为吸收作用或吸附作用，伴随着对创造过程的自律和自创生的把握。

这涉及的绝不是把精神分裂症患者变成后现代的英雄，尤其不要在精神病过程的内部低估器官的、身体的、想象的、家庭的、社会的系统组成部分的分量，而是要标出成分之间的抑制效果，这些效果导致了与混沌互渗的内在性针锋相对。社会层化被部署，以便尽可能避免令人不安的特异性，后者是由对混沌互渗的过于突出的固恋产生的。我们应该赶快前进，不该停留在那些有可能使我们陷于困境的东西：疯狂、痛苦、死亡、毒品、无器官身体的眩晕、强烈的激情……存在的所有这些方面当然是通过主导性社会进行功能性思考的对象，不过总是作为它们在混沌互渗维 119
度上主动误认的相关物。那么对混沌互渗的反作用的接近散发着一种对永恒性的想象，尤其是通过大众媒介，而这种想象绕开了它的有限的基本维度：此在的人为性，没有质性，没有过去，没有未来，处于绝对的无依无靠状态之中，不过是处于没有界限的复杂性的潜在发生源之中。极其幼稚的成人世界的永恒性，应该使之对立于孤独地沉思宇宙的儿童或者诗歌、音乐和神秘体验的生成—儿童的过度清醒。不过，当混沌互渗在焦虑、抑郁、精神崩溃的深渊中凝聚、内爆而不是重新促进相异性的装配和重新推动符号化过程时，那么质疑当然就从一种有关**存在之域**、“移情的移植”（greffes de transfert）、对话内容的转播、各种参与与建制的语用学发明的重组之中提出来。因此，不是精神病的英雄品质，而是没有顺从混沌互渗的身体的检索，精神病会使这一身体白炽化，而自从这一身体被传统精神病院不断地像培植畸形的花一样培植以后，这一身体的被损伤的残骸如今被化学治疗摧垮了。

对妄想症的初级谵妄式的摧毁或者宏大叙事的建构治愈绝对

侵入的不可靠方法，都不能被置于像那些被充分社会化的防御系统（如游戏、运动、被媒体所维持的躁狂症、种族主义恐怖症……）
120 一样的平面上。不过它们的混合是建制性精神治疗和精神分裂分析的日常事。

因此，同样就在一堆平庸的陈述、偏见、陈词滥调、异常的事态的内部，也就是日常生活的整个自由联想的内部，永远析出混沌互渗的这些 Z 形的或禅宗式的点才是恰当的，而这些点只是反向地被定位，通过口误、症状、悖谬、躯体场景的行动化（acting out），家庭至上主义的表演症（théâtralisme），或者通过建制性机构。我重申一遍，这在于混沌互渗不是个体化心灵的本性。在群体生活、经济关系中，我们面对机器论，例如信息论，甚至在艺术或宗教的**无形世界**的内部亦是如此。每次混沌互渗都诉求于可操作的叙述性的重建，也就是说这种叙述性超越信息与交流发挥功能，像本体论的异质发生的存在性晶化一样。新的实在—他者—潜在的装配的产生始终是由意义的断裂、意指的短路、它自己的融贯性的非冗余的、自主肯定的重复的澄明与相异性的不"可识别的"部分发生源的促进过程造成的——这些发生源逃避了认同——这一事实判定精神健康的治疗人员或工作人员患有一种本
121 质上是伦理的斜视。一方面，他在零零碎碎的异质发生的记录中工作，以便重新塑造**存在之域**，以便锻造介于正在僵化的内在性团块之间的、过渡的符号组成部分……另一方面，他可以追求的

是移动地接近混沌互渗的事物——在精神病和建制中间——这只有在他自己以这样或那样的方式重新创造、重新发明为可接受非话语强度的无器官身体的范围内才得以进行。无器官身体对异质性自由的补充参数的可能性征服、它进入突变的**指涉世界**和进入相异性的更新记录所依赖的就是它自己向同质的内在性的俯冲。

疾病分类的范畴、精神病学与精神分析的制图术必然背叛精神病移情的混沌互渗的纹理。它们从其他的语言、模型化来构造语言和模型化——谵妄、小说、电视剧的语言和模型化——不可能企求任何认识论的高地。不多也不少！这大概已经是很多了，因为通过语言和模型化，角色、视点、屈从行为被具体化，甚至，为什么解放的过程不是如此。谁言说真实？这不再是疑问，而是如何、在何种条件下最好的东西能够导致无形事件——它们将重构世界，将重新恢复过程的复杂性——的语用学？特异反应性的 122
种种模型化，被植入对决的分析、自我分析、群体的精神治疗……这些模型化总是被呼吁要借助于各种专业语言。我们的有关混沌互渗和能指禁闭的精神分裂分析出路的问题域旨在——补偿这些借助——对它们的话语性进行一种必要的非—能指的解构，并将它们的本体论效能置于语用学视角之下。

第五章

# 机器性的口唇性与潜在的生态学

不要谈论丰满的嘴唇，这太没有教养！说话，或者吃饭，两者不可同时进行。一方面有一股分化的流——多样变化的食物，它们在分解、混沌化的过程中被吃掉，被身体内部所吸收；另一方面有一股基本发音（音位学的、句法的、命题的）的流，它投注和构建一种复杂的、分化的外部。不过，口唇性恰好处在交叉口。它谈及丰满的嘴唇。它既充实了内部，又充实了外部。作为连在一起的问题，它既是混沌的退化之中的复杂性，又是正处于无限的复杂化之中的单纯性。混沌与复杂性的舞蹈。 123

弗洛伊德已经指出，像奶或屎等简单对象承受着极为复杂的**存在之域**：口唇性、肛欲性，编织着各种看的方法、各种症候、各种幻想……而且我们记得拉康在“虚言”（parole vide）与“实言”（parole pleine）之间所做的第一批区分之一种。不过充实着什么呢？充实着内部与外部、潜在性的线、可能的场域。言语，不是 124

交流的简单媒介、信息传递的动因，而是从“此在”中产生宇宙的自在与主观的自为之间的言语界面。

当言语落入扎根于法则、行为控制、姿势与感情的领域之中的书写符号论的控制之下时，言语就被清空了。电脑的声音“您没有系好安全带”没给含糊性留有多大余地。相反，日常言语努力使最少的、所谓非口语的符号组成部分的呈现保持活力，其中从语调、节奏、面容性的特征、各种姿态开始构建表达的各种实体，当它们事先避免能指循环性的专制时，它们就会相互交叉、相互替换、相互重叠。然而，不再有时间在超级市场闲聊，以便估计产品的质量，也没有时间来讨价还价，以便确定产品的合理价格。必要的和充分的信息清空了表达的存在论维度。我们在那里，不是为了存在，而是为了完成我们作为消费者的义务。

口唇性构建了一个符号多音性的避难极、一种在主体—对象
125 关系之涌现的现实时间中进行的重组（reprise）吗？坦白地讲，一种极其显著的、口语与书写之间的对立在我看来几乎是不相关的。最日常的口语被书写超编码，最复杂的书写被口语所影响。我们宁可从审美实践所构成的感觉团块开始，这些审美实践处于下列成分的一边：口语、书写、手势、姿态、造型……它们的功能就是挫败那些缠着粗俗的知觉不放的意指与那些浸润着公共感情的意见。从各种知觉与灵魂的平庸状态开始对被解域化的知觉物与感受的这种抽取使我们从内部话语的声音与自我呈现——在它们能

够具有更加标准化的东西中——转到那些朝向彻底突变的主体性形式的过渡道路。外部的主体性、更广泛的主体性，远非畏惧有限性——人生、痛苦、欲望和死亡的考验，将它们接受为生命菜肴必要的刺激性成分。

行为艺术将瞬间交给既异常又熟悉的**世界**之涌现的眩晕。从日常生活的符号网格出发，行为艺术有利于将这种对强度的、非时间的、非空间的、非能指的维度进行抽取的种种意蕴推向极致。行为艺术使我们专心于"是"的发生与各种形式，先于这些形式立足于主导性冗余（包括现代性的各种风格、流派、传统的冗余）之中。不过，在我看来，这种艺术与其说依赖一种向本源的口唇性的回归，倒不如说依赖一种以各种解域化的、机器性的诡计（machination）和手段往前的逃逸，而这些诡计和手段能够 126
产生这些突变的主体性。由此我的意思是，有某种人为的、建构的、组构的东西——我将其称为机器性的过程性——存在于有声诗（poésie sonore）对口唇性的重新发现之中。在更一般的意义上，视点的任何审美偏移、表达的组成部分的任何复调性的减速都经过对现行的结构和符码的预先解构，并经过一种朝向感觉的质料的混沌互渗式的俯冲。从这些感觉的质料出发，重新变得可能的是一种对世界的再构、再创造、浓缩（有点儿像人们谈论的浓缩铀），一种不仅是形式的而且是"是"之模态的扩散。由此得出的不是介于一种好的口唇性与一种坏的书写性之间的、对过去的摩尼教式的和怀旧式的对立，而是对表述的发生源的探求，这些发生源将在其他的内部与其他的外部之间建立新的区分，并将促进另一种过去—未来的新陈代谢，从这种新陈代谢出发，永恒性将可以与当下时刻共存。

正是审美机器在我们的时代向我们提出了这些感觉的团块相对来说是最完美的模型，这些团块能够从所有这些由四面八方围困我们的、虚空的信号开始提取充实的意义。正是在艺术的丛林中，反对资本主体性（单维性的、一般等价物的、隔离的、对真正的相异性昏聋的主体性）的碾压机的最重要的抵抗的中坚力量被
127 寻到了。问题不在于使艺术家成为革命的新主角、**历史**的新杠杆！艺术在这里不仅仅是公认的艺术家们的行为，而且是整个主体创造性的行为，这种主体创造性贯穿几代人和受压迫的民众、少数族群、少数派……我想强调的是，当审美方式剥夺旧的科学范式（例如历史唯物主义和弗洛伊德主义所参照的科学范式）时，审美范式——突变的知觉物和感受的创造与构造的范式——变成了自由的全部可能形式的范式。当代世界——陷入生态、人口、城市的困境——未能以一种与人类利益相容的方式来接受那些动摇它的、异乎寻常的科学技术的突变。它被卷入一种或走向毁灭或走向彻底更新的眩晕行程。经济的、社会的、政治的、道德的、传统的罗盘接二连三地出毛病。重建价值轴、人类关系和生产活动的基本合目的性变得日益迫切。因此，潜在的生态学与可能世界的生态学一样是必不可少的。而且在这一点上，诗歌、音乐、造型

艺术、电影——尤其以其行为的或表述行为的形态——拥有一个 128
重要的、可占据的位置，通过它们的特有贡献，并作为新的社会实践和分析实践（在最宽泛的意义上是精神分析实践）内部的参照范式。在现实化力量的关系之外，潜在的生态学不仅打算保持文化生命那些遭受危险的种类，而且还产生了主体性构成的创造与发展的诸条件，而这些主体性构成是前所未闻的、从未看到的、从未感觉到的。这就是说一般的生态学——或者生态哲学——将作为生态系统的科学、政治再生的关键起作用，还将作为伦理的、审美的、分析的介入起作用。它将逐渐地创造价值化的新系统、一种生命的新品味、一种介于下列要素之间的新舒适：性别、代际、种群、人种……

至于各种奇特的装置，你们将会对我说潜在性的这些机器、突变的知觉物和感受的这些团块，一半是对象一半是主体的，它们在感觉中就已经在那里，并且在可能的场域中脱离它们自身。它们难以在主体性的常见市场上被寻到，大概在艺术市场上还更难被寻到；然而它们萦绕着与生成他者的创造、欲望以及与精神错乱或者对权力的激情相关的一切东西。现在让我们尝试着从某些主要的特征来勾勒它们的轮廓。

审美欲望的诸装配和潜在的生态学的诸算子不是那些容易在
话语整体的逻辑上能够被切分的实体。它们没有内外之分。正是 129
各种无限的界面分泌出内部性与外部性，并在话语性任何系统的根基处被建构。它们是各种生成，被理解为分化的发生源，被锚定在每个领域的中心，还处于不同的领域之间，以便强调它们的异质性。生成儿童（例如在舒曼的音乐中）就是从童年的回忆中挣脱出来，以便体现一种永恒的现在，后者将自身创立为各种生成之间的分岔、分岔的运作：生成女人、生成植物、生成宇宙、生成旋律……

这些装配并不是根据外在的参照系统（诸如能量—空间—时间的坐标或被充分分类的语义坐标）被定位。从对及物性的、横贯性的和移动的本体论融贯性的把握来看，它们仍然是可理解的。人们不是通过再现而是通过感受性的传染来认识它们。它们开始在你们身上存在，不管你们是谁。不仅作为粗糙的、未分化的诸感受，而且作为超复杂的构造，“这来自德彪西，这来自爵士乐，这来自梵高”。审美体验不断地使我们回返的悖论就在于这些感受作为存在论领悟的样式被完整地给予，不管下面这一事实，或将之置于一边：各种指示的线条、各种信号的迭奏对于催化它们在再现场域之中的存在是必要的。再现的这些运作具有各种各样
130 的记录，这些记录将**存在之域**引向不可预见的蕴涵。但是，不管它们如何复杂，知觉物和感受的团块通过审美的构造并以相同的横贯性把握来聚集主体与对象、自我与他者、物质（le matériel）与无形（l’incorporel）、此前与此后……总之，感受不是再现和话语性的问题，而是存在的问题。我感觉自己被卷入一个德彪西的**世界**、一个布鲁斯的**世界**、一种闪电般的普鲁旺斯的生成。我跨过

了融贯性的门槛。在这一感觉团块、部分主体化的这一发生源的影响下，一切都是阴沉的；除此之外，我不再像以前一样是我自己，我被卷入另一种生成，被携带着超出我熟悉的**存在之域**。

而且问题不在于一种完形心理学的、使“好形式”主导优势晶化的简单构型。问题在于某种更富有动力的东西，我喜欢将其定位于机器的记录之中，这里我将这种记录与机械的记录加以对比。正是作为生物学家，温贝托·马图拉纳和弗朗西斯科·瓦雷拉为界定生物系统而提出了自创生机器的概念。在我看来，他们提出的自创生——作为结构或生态系统的自主再生的能力——的观念可以被有用地扩大到社会机器、经济机器，甚至语言的、理论的、审美创造的无形机器。例如，爵士乐以多样而异质的形式同时沉浸于其非洲的谱系和再现实化之中。只要爵士乐富有生机，情况就会如此。不过，像任何自创生机器一样，爵士乐可能因缺乏再给养而衰亡，或者转向各种使爵士乐与自身无关的命运。 131

因此，这是一种实体、一种无形的生态系统，其存在不会从外部被保证，它与其自身所致力生产的相异性共生，它遭受着消亡的威胁，如若它的机器性的本质没有遭受意外之变——爵士乐与摇滚乐之间的邂逅与恶交——或者其时它的表述的融贯性将转到某种界限之下。这不是一种在外在的坐标中“被给予的”对象，而是一种将意义和价值给予被规定的**存在之域**的主体化装配。为了生存、自身过程化，这种装配不得不从各种撞击它的奇异性来工作。所有这一切意味着必要的创造性实践的，甚至本体论语用学的理念。舞蹈的节奏、形式、色彩、强度所创造的正是“是之所是”的新方式。没有任何东西是自然而然发生的。一切总是从零、从混沌互渗的涌现的点重新开始。向新生状态永恒回归的潜能。

在弗洛伊德之后，克莱因派或拉康派的精神分析师各自以他们的方式理解了他们的研究领域之中的这种实体。他们将之取名为“部分对象”“过渡对象”，同时他们将这一对象确定在本身是部分的和过渡的主体性和相异性的交接点上。然而他们从未将这
132 一对象移出一种因果论的、欲力的下层结构，从未赋予这一对象以多价的**存在之域**与无限前景的机器性创造性的种种维度。当然，通过“对象 a”理论，拉康的长处就在于使欲望对象的观念解域化。他将“对象 a”界定为非镜像化的，由此逃避了空间和时间的坐标。他使“对象 a”摆脱那受限的场域，而后弗洛伊德学派曾将“对象 a”指派给这一场域——母亲乳房、粪便与阴茎的场域——以便将它与声音和目光联系起来。不过他没有从他与弗洛伊德学派的决定论的断裂中得出结果，而且他没有适当地在潜在性的各种无形场域之中设定各种“欲望机器”——“欲望机器”的理论是他开启的。欲望的这一主体—对象就像混沌理论的奇异吸引子一样在相空间[1]（这里是指**指涉世界**）的内部充当锚定点，这一相空间从

1　抽象空间，其中各个轴表示那些描绘系统特征的变量。

未与自身是同一的，在分形线上保持持续的逃逸。在这一点上，不仅应诉诸一种分形的几何学，还应诉诸一种分形的本体论。正是“是”本身蜕变、萌芽、变样。艺术与欲望的对象在**存在之域**中被领悟，而**存在之域**同时就是本己身体、自我、母体、生活空间、母语的迭奏、熟悉的面容、家庭故事、种族……没有任何存在入口会对其他入口具有优先权。因此，问题不在于因果性的下层结构与表现心灵的上层结构，也不在于一个与升华作用相分离的 133
世界。感觉的肉身与升华的质料被错综复杂地混合在一起。与他者的关系没有通过对预先存在的、内在于每个个体的肖像的认同来进行。影像被一种生成他者承载着，而这一生成他者又被分支为生成动物、生成植物、生成机器，有机会的时候分支为生成人类。

如何使这种向有限的质料、具体化的构造的可感性俯冲（即便质料和构造是最具解域化的，与音乐质料或概念艺术的质料一样）与审美感受的这种超复杂性、自创生结合起来？以一种强迫的方式，我重新考虑这种介于复杂性与混沌之间的连续不断的往返运动。一声尖叫、一幅蓝色的单色画，使一个无形的、强度的、非话语的、移动的**世界**涌现，随之产生了其他的**世界**、其他的记录、其他的机器性的分岔：**世界**的奇异**星座**。最精心构思的故事、神话、肖像始终让我们返回混沌互渗的这一摇摆点，这种奇异的本体论口唇性。某物被吸收，被混合，被消化，从此新的意义线开始显现，并被拉伸。应该屈从这个脐点——弗洛伊德最初的梦中所描述的伊尔玛喉咙深处的白灰相间的疮痂，或严格地说是一种恋物的和祛邪的对象——以便一种向有限性和不稳定性回归能够突然
134 发生，以便找到一个永恒的和致命的梦的出口，以便最终将无限重新给予一个有窒息危险的世界。

机器性的口唇性的感觉团块从身体中分离出一种被解域化的肉体。当我“消费”一件作品时——它应该以其他方式被称呼，因为它还很有可能是作品的缺席——我开始要做的正是复杂的本体论意义上的晶化、此在的相异化。我要求“是”以其他方式存在，并且向“是”榨取新强度。这种本体论的生产性丝毫没有归结为一种“是”与“是者”或“是”与“无”之间的抉择，这一点必须明确指出吗？不仅“我”(je)是一个他者，而且“我”是相异性的许多模态。我们在这里不再沉浸于**能指**、**主体**和一般意义上的**大他者**。(口头的、身体的、空间的……)组成部分的异质性之所以产生一种更加眩晕的本体论意义上的异质发生，是因为后者如今与大量增加的新材料、新电子表象、间距的局限性和视点的扩大结合在一起。信息技术的主体性使我们高速地远离从前的书写线性的各种局限。时代随各种类型的超文本而来，甚至随一种认知和感觉的新书写而来，皮埃尔·列维将其称为“有活力的表意文字”。在最广泛的意义上加以理解的各种机器性的突变，使主体性进行解域化，不该在我们之中引发防御性的反射作用、嗜古的紧张状态。将目前五分之四的人类所体验到的、大众媒介令人愚钝的特

点归罪于它们是愚蠢的。问题只在于财富的社会、生产和分配的 135
某种组织的事与愿违的反效果。恰恰相反，信息技术、计算机通信与视听传播设备的联合可能会允许跨出决定性的一步，走向后媒介时代之入口的交互性，并相应地加速了口唇性的机器性的回归。数字键盘的时代很快结束了；正是通过言语，人机对话才能被建立，不仅与技术机器对话，而且与思想、感觉、商讨等机器对话。我再重申这一点，所有这一切只需社会发生改变，只需社会的、政治的、审美的、分析的新实践允许我们摆脱那些压垮我们的、“虚言”的枷锁，摆脱那到处想施加强迫的意义的轧制（这一切自从资本主义精神对东欧国家和海湾战争的胜利以来就尤为突出）。

口唇性，道德！使自己变成机器性的——审美机器和分子式的战争机器（考虑到今天说唱文化对年轻人是多么的重要）——可以变成主体再奇异化的基本手段，并产生了感知世界的其他方式，一副有关事物的新面孔，甚至是一种有关事件的不同措辞。

第六章

# 新的审美范式

直到西方历史的晚期，艺术才分离了自身，作为从属于特性突出的价值论指涉的特殊活动。舞蹈、音乐、造型形式的精雕细琢以及关于身体、对象和大地的符号在古代社会中被紧密地结合到仪式活动与宗教表象之中。社会关系、经济交换与婚姻交换也难以从我提议称之为表述的辖域化**装配**的整体生活中辨别出来。通过各种符号化方式、表象系统和多样指涉性实践，这些装配能够使主体性的互补部分进行晶化。它们通过联姻和联盟释放社会相异性，通过同龄群体和秘密传授的运作诱使个人的个体发生，以至于每个个体感觉自己被好几个集体的、横贯的身份所包围，或者如若他们愿意，他们会感觉自己处于部分主体化的许多矢量的交叉口上。在这些条件下，个体的心理特点不会被组织进内在化的官能，而是被连接在一系列表达的、实践的记录之上，后者直接与社会生活和外部世界相关。社会与物质活动和符号化方式

137

138

的这种相互渗透给劳动的分工和专业化留有的余地不大——劳动观念本身仍然是模糊的——甚至更没把多大余地留给审美领域区别于经济、社会、宗教、政治等其他领域的分离过程。

这里的问题甚至不在于简要地描述表述的这些辖域化**装配**的各种解域化路径。让我们仅仅注意这一点，即它们的一般性演化将走向对主体性的个体化的强调，走向主体性的多音性的丧失——简单地想想在许多古代社会中赋予个体的专有名词的增多——并走向有关神圣、善、真、美、权力等领域的**价值世界**的自律过程。价值化方式的这种划分往后如此扎根于我们时代的认知性理解之中，以至于我们试图解码过去社会时就难以追溯它的结
139 构。例如，如何想象文艺复兴时期的王子不购买艺术作品，而是使艺术作品的持有者依附于他个人，这些持有者会影响到他的名望。对建造大教堂的中世纪优秀工匠具有虔诚意味的行会主义者的主体性对我们来说仍然是隐晦不明的。我们不能克制自己不去把岩石艺术审美化，而岩石艺术的一切令人认为这种艺术具有基本上属于技术和文化的意义。由此，对过去的任何解读必然会被我们对现在的指涉超编码。与之妥协并不意味着我们必须把完全异质的视角统一起来。几年前，纽约举行的一次展览同时展出了立体主义作品与适合称谓原始艺术的产品。形式的、形式主义的和最终相当表面的关联就这样被得出了，同时创造的两个系列与它们各自的语境分离了——一方面是部落的、种族的、神话的；

另一方面是文化的、历史的、经济的。我们不该忘记的是非洲、大洋洲和印第安人的艺术对立体主义艺术家所发挥的魅力不仅属于造型领域，而且与时代的异域情调有关，这种异域情调被勘探、殖民探险、旅游杂志和惊险小说所传达，其神秘的韵味被摄影、电影、录音和田野民族志的发展所强化。如若将现代特色（modernité）的审美范式投射到过去不是非法的，毫无疑问也是不可避免的，那么仅仅能够符合下述条件就可以：只要这种重构所引发的价值 140
世界的各种星座的相对而潜在的特性被考虑。

人类的科学、技术、哲学、艺术和品行分别面对材料的特殊束缚与阻力，而人类在既定的限度中解除和关联着这些束缚与阻力。人类在惯例、技术诀窍和历史教育的帮助下做到了这一点，它们引导人类关上某些门，同时又打开其他门。人类所牵涉的、介于这些材料的有限方式与**可能世界**的无限属性之间的关系在这些活动之中的每种活动中间都是有差别的。例如，哲学产生了它自己的创造束缚的记录，散发出文本指涉的材料；它将材料的有限性投向一种无限的潜能，后者与哲学核心概念的自主设定、自主融贯性是一致的，至少是与哲学发展的每个突变阶段一致。就其自身而言，技术科学的范式突出了一个有关关系和功能的对象世界，后者系统地将主观的感受搁置一边，以致有限、可协调的限定最终总是优先于其潜在指涉的无限。相反，借助于艺术，可感材料的有限性变成感受与知觉物之产生的支撑，而这种产生越

141 来越偏离预成型的范围和坐标。马塞尔·杜尚宣布："艺术是一条通向不受时间和空间支配的各个领域的道路。"因此，思想、行动和感性的不同领域以不相似的方式设定它们在时间——更确切地说是不同时代——的进程中的无限运动，这些时代能够在它们之间进行回返或者相互交叉。例如，神学、哲学和音乐不再像中世纪一样构成一个强力的星座。每种**装配**特有的无限的新陈代谢不是一劳永逸地被确定。而且当一种重要的突变出现在一个领域中间时，它能够具有各种"影响"（retombées），它能够横贯地感染各种各样的其他领域（例如，文本与影像通过印刷设备会在文学艺术领域中产生无限潜能的再生产的效果，或者认知性移情的潜能，通过数学计算可在科学领域中获得）。

感觉的审美潜能，尽管按理说是与哲学思考、科学认知、政治行动等其他潜能是一样的，但是在我们时代的集体的表述装配中间即将占据一个有特权的位置。不过，在讨论这个问题之前，更好地阐明它在先前装配中的位置是必要的。

因此，让我们重新考虑表述的辖域化**装配**。严格地说，它们没有构建一个特殊的历史阶段。如若它们可以描绘没有书写或国
142 家的种种社会的特点，那么我们可以在发达的资本主义社会中找到它们的遗迹，甚至是肯定性的复兴，而且，毫无疑问，它们被认为在后资本主义社会中保存着意味深长的影响。这同一种多义的、泛灵论的、跨个体的主体性的各方面同样能在婴儿、疯狂、恋爱激情和艺术创造的世界中被寻到。因而，这里最好谈论原—审美

的范式，以便强调我们没有涉及制度化的艺术与它在社会场域中被表达的作品，而是涉及新生状态之中的、永远先于自身的创造维度与涌现的潜能，后者归摄那使**无形世界**形成的种种举动的偶然性与随机性。话语时间暂留的前景（社会钟表敲打的时间）、永恒的绵延，逃避记忆—遗忘的抉择，而且与一种令人惊愕的强度一起萦绕着辖域化主体性的感受。**存在之域**在这里同时形成故土、自我归属、宗派的忠诚和宇宙式的泻流。

在**装配**图形的这第一种情况中，空间范畴保持一种可被描述为整体上是审美化的姿态。复调的空间层经常是同心的，这些空间层仿佛给自身招致相异性的全部层次，并予以侵占，它们在别处产生了这些层次。对象相对于空间层而在横贯的、振动的位置上建构自身，同时赋予它们一个灵魂，一种祖传的、动物的、植物的、宇宙的生成。这类对象性—主体性倾向于为了它们自己而运行，体现为泛灵论的发生源；它们相互重叠，相互侵犯，以便构建半物半灵魂、半人半兽的集合实体（entités collectives），机器与流，质料与符号……陌生者、陌生、不吉祥的相异性都被抛向危险的外部。但是外部性的领域没有完全与内部分离。糟糕的内部对象不得不担保那支配外部世界的一切。事实上，根本没有外部性：集体的辖域化的主体性是霸权的；它在自身重新褶皱的一般运动之中使**价值世界**相互叠合。它跟着它的内部节拍、仪式化的迭奏来使时间和空间具有节奏。宏观世界的事件被看作是与微观世界的事件相似的，前者在别处解释后者。由此，空间和时间从未是 143

中立的贮藏所；它们不得不被主体性生产所实现、孕育，而主体性生产涉及歌唱、舞蹈、祖先和诸神的故事……任何指向物质形式的工作是不存在的，而这一工作没有使非物质实体在场。反之，朝向解域化的无限的任何欲力都伴随着一种向辖域化极限进行重新褶皱的运动，后者与一种向集体的自为过渡的享乐相关，并与其融合的、创始的神秘性相关。

借助于解域化的**装配**，价值化的每个领域都建立了超验自律
144 的参照极：逻辑观念的**真**、道德意志的**善**、公共空间的**法**、经济交换的**资本**、审美领域的**美**……超验性的这一划分是主体性的个体化的结果，这种个体化本身被分成**理性**、**知性**、**意志**、**情感**等模块化官能。解域化的无限运动的分割伴随着再域化（这次是无形的）、非物质的物化。在前面提及的图表中是复调的、块茎的价值化变成两极化、摩尼教化、等级化，而且当价值化突出它的组成部分时，价值化往往在某种程度上变得贫瘠化。处于绝境之中的二元论，就像可感世界与可知世界、思想与广延性、实在与想象之间的对立一样，借助于全能的和霸权的超验性诉求：**上帝**、“**是**”、**绝对精神**、**能量**、**能指**……因此，旧的辖域化价值的相互依赖性丧失了，正如试验、仪式和修修补补一样，后者导致了祈求价值和激发价值，所冒的危险就是，价值显示自身是渐渐消失的、缄默的、无“回应的”，甚至是危险的。超验价值装出一副不能罢免的样子，总是已经在那里，以前总是待在那里。至于主体性，它是永久匮乏的，是先天有罪的，至少是处于“无限延置的”状态（按照卡夫

卡在《诉讼》中的说法）。“理想的谎言”，正如尼采所写的那样，
变成了“被悬置在现实之上的诅咒”[1]。由此，模块化的主体性不再 145
与价值出现的旧维度有关，而价值的出现在超验表述者所颁布的惯例、规则和法则的压力作用下被中立化。模块化的主体性不再是价值化领域的易变轮廓的错综复杂的结果，而价值化领域被紧固在表达质料之上，模块化的主体性作为被物化的个体化被重构，始之于那根据树状的等级制度而部署的**共相**。不受时效约束的法律、责任和规范剥夺了旧时的禁令，而这些禁令总是给密谋和僭越留出一个位置。

由于对表达质料的处理和有系统地去资格，价值的这种分割和两极化可以被定义为是资本的，价值着手于表达，并将表达质料推上**资本**的经济价值化的轨道，因为**资本**按照形式平等的规则对待欲望价值、使用价值和交换价值，并将微分的质性和非话语的强度置于二元的、线性的关系的排除性控制之下。主体性通过这样一种交流而被标准化，即这一交流尽可能地排出跨符号的、去模态的表述构造。由此，主体性滑向了对多义性、韵律结构、手势、模仿和姿势的逐渐擦除，为了一种严格屈从于圣经机器及其
大众媒介化身的语言。在其极具当代性的形式中，主体性可被归 146
纳为一种以大量的比特（二进制数字）进行计算的和计算机上可

1 Nietzsche, *Ecce Homo*, préface, trad. Henri Albert, Mercure de France, Paris.

复制的信息筹码的交换。由此，模块化的个体化使复杂的超规定性在旧时的**存在之域**之间发生爆裂，以便重新塑造精神**官能**、自我、器官，以及人格学的、性征的和家庭的相异性模态，作为许多与社会主导机制相同的零件。在这种解域化的**装配**中，资本的**能指**，作为权力想象的拟像，因此以超编码价值的全部其他**世界**为使命。由此，它就那些萦回在知觉物与审美感受的领域中的人进行详述，然而这些人——面对符合规则的冗余信息的入侵，并幸亏逃逸线从有限的层向无形的无限的不稳定的重新打开——继续是再奇异化与异质发生的抵制的发生源。

资本的解域化装配与新兴的辖域化装配一样都没有建构界限清晰的历史阶段。（资本的冲力在埃及帝国、美索不达米亚帝国和中华帝国的内部被重新发现，然后遍及整个古典文化。）第三种过程性装配将更加难以被限定，因为它只是以展望的名义在这里被
147 提出来，仅仅从它如今似乎显示出的踪迹和症候来开始。过程性装配与其说使审美范式边缘化，倒不如说从价值的其他**世界**来看赋予审美范式一个横贯性的核心位置，由之过程性装配以自己的方式强化自创生的融贯性的、神创论的发生源。然而，前面图表中的**价值世界**的自给自足与贫瘠化的目的与那向新兴**装配**的辖域化聚合的回归不是一回事。人们没有从化约论的超验性的状态中重新陷入无限的运动以有限的方式进行的再域化过程之中。**价值**的各种世界的一般的（与相对的）审美化导致了不同类型的主体

化的表达形态重放魅力。魔法、神秘性和魔鬼般的东西不再像以前那样来自相同的图腾灵韵。**存在之域**变成多样化的、异质化的。事件不再被封闭在神话之中，它成为过程性的重新推动的发生源。艺术运动不断地冲击建立起来的界限（自文艺复兴以来就已经存在，不过在现代尤其突出），这一冲击倾向于更新它的表达质料与它所促进的知觉物与感受的本体论纹理，导致了如不是对其他领域的直接感染，那么至少是对横贯它们的创造维度的强调和重新评价。显然，艺术没有垄断创造，不过艺术有能力将坐标的突变性创新推向极致，它有能力将“是”的闻所未闻的、不曾看见的、不曾思考的质性的孕育推向极致。建构这种新美学范式的决定性 148
开端就在于将自身自主确定为存在的发生源、自创生机器的这些创造过程的禀赋。我们已经能够预感到那套在自然科学上的枷锁被解除了，而超验性**真理**的指涉将自然科学建构为它的原理融贯性的保证，这种融贯性如今似乎越来越必须依赖尽可能符合内在性经验与料（empirie）的操作模型化。另一方面，不管**历史**如何兜圈子，社会创造力似乎被认定剥夺了其旧时的、僵化的意识形态构图，尤其是那些充当担保国家权力之优势的意识形态构图与那些仍将资本市场变成一种真正宗教的意识形态构图。如若我们现在就转向一门像精神分析一样的、打算将自己确定为科学的学科，那么越来越明显的就是它只有使自身处于这种新型的过程性审美范式的支持下才会有一切东西供其获取。正是在这唯一的道路上，精神分析才能够从其世纪之初的疯狂岁月里重新获得创造力。精神分析的使命（根据各种装置、更新的和向变化敞开的程序与指涉）就在于孕育一种避免适应性模型化的主体性，这类模型化能够装配我们时代的奇异性和突变，由此能够增加各种例子。我们在全部领域中可以重新寻到三种趋向的相同的交织：通过我所谓
149 的无限运动展开的**指涉世界**的本体论意义上的异质化；连接许多有限界面的抽象机器的横贯性（这些界面以融贯性的相同的超文本[1]或平面来表现这些**世界**）；自创生的融贯性的发生源的倍增与特殊化（**存在之域**）。这种过程性的审美范式与科学范式和伦理范式一起发挥作用（被科学范式和伦理范式所激发）。这种审美范式之所以横贯于技术科学而被建立，是因为技术科学的**机器语群**本质上属于创造界，而且这种创造性往往与艺术过程的创造性相连接。不过，为了建立这种联系，我们不得不抛弃有关机器的种种机械论幻觉，并促进这样一种有关机器的构想，即这种构想同时包括机器的技术方面、生物学方面、信息论方面、社会方面、理论方面和审美方面。而且，这里更进一步表明，正是审美机器在我们看来能够更好地揭示它经常被误认的基本维度之中的某些维度：与其存亡有关的有限之维度、其环境和多重意蕴的记录之中的原—相异性的生产维度、其非身体的遗传世系的维度。

---

1 参见 Pierre Lévy, *Les Technologies de l'intelligence*, La Découverte, Paris, 1990；*Plissé fractal. Idéographie dynamyque*（具备信息传播研究资格的研究报告）和 *Idéographie dynamyque*, La Découverte, Paris, 1991。

新的审美范式之所以具有伦理政治的蕴涵，乃因为谈论创造就是谈论那针对被创造物的创造诉求的责任：事物状态的屈折变化、超越预先确立的图式之上的分岔，还有就是对相异性在极端条件下的境遇的考虑。但是，这种伦理选择不再来自超验的表述、150
法规或者唯一、全能的神。表述的发生本身在过程性创造的运动中得以把握。借助于科学的表述，我们总是通过多种脑袋清楚地看到这一点：个体的脑袋，当然还有集体的脑袋、建制性的脑袋、机器性的脑袋（具有实验装置、信息论、数据库、人工智能……）随着这些机器性的界面的分化过程本身全方位地通过**指涉世界**的潜在性的场域而展开，这种分化过程使自创生的表述的发生源扩大，并使之成为部分的。不过，借助于主体的个体化的这种分裂与界面的这种扩大，我们如何还能够谈论**指涉世界**？当它们不再是集聚的和辖域化的（如同在**装配**的第一种形态中那样）或者不再是自律化的和先验化的（如同在**装配**的第二种形态中那样）时，它们从今以后就以奇异的、动力的星座被晶化，后者持久地含纳、重新采用这两种主体的与机器性的生产方式。这里从来不应该混淆机器论与机械论。在我所理解的意义上，机器论意味着一种自创生—创造的和伦理—本体论的双重过程（“选择的质料”的存在），这种双重过程与机械论是完全不相关的。这就是为什么机器的紧密相连（今日世界由什么构成）处于它安置“是”的自主基础性的位置上。“是”没有先于机器性的本质，过程先于“是”的异 151
质发生。

紧固于集体的**界域**、超验的**共相**、过程的**内在性**之上的涌现是三种实践与主体化的模态，后者详细说明了三种表述**装配**，况且这三种表述**装配**涉及的是心灵、人类社会、生物世界、机器性种类，归根结底是**宇宙**本身。表述的这样一种横贯性的扩大可能导致哲学传统在精神与物质之间所确立的“本体论铁幕”（按照皮埃尔·列维的说法）的落下。这种横贯性联系的确立促使我们假设了同时萦绕着两个领域的某种实体的存在，以致价值和潜在性的无形之物以为自己被赋予了一种本体论的厚度，相当于那些镶嵌于能量—空间—时间坐标之中的对象的厚度。况且，问题与其说是一种贯穿各个领域的“是”的同一性（毕竟是异质的纹理），倒不如说是一种相同的过程性持续。既不是柏拉图学派的**整一**（Un-tout），也不是亚里士多德的**第一推动力**（Premier moteur），这些横贯性的实体呈现为一个机器性的超文本，后者在创造的全部过程的绝对前景上远远超出形式与结构的一种单纯的、中立的载体而被建立。因此，人们没有相对于“是”或实体把质性或属性假定为
152 次要的，人们也没有开始将“是”作为存在物的全部可能模态的纯粹空洞的（和先天的）容器。“是”首先是自主融贯性、自行肯定、展开相异性的各种特殊关系的自为存在。自为和他为不再是人类的特权，机器性的界面在哪里产生歧异性（disparité），反之又被歧异性所建立，自为和他为就在哪里进行晶化。重点不再针对作为一般的本体论等价物的“**是**”——这一等价物与其他等价物（**资**

**本**、**能量**、**信息**、**能指**）一样包围、封闭过程，并使过程去奇异化，而是重点针对“是”之方式、把存在物变成异质性与复杂性的生成实践的阴谋。对现存的“是”进行现象学的理解作为惰性的事实性只有在诸如存在论的恶心或抑郁症的消沉之类的有限经验的范围中才被给予。就其自身而言，对机器性的“是”的把握宁可通过多样的和复调的、时间的和空间的包围与潜能的、理性的、充足的展开而表现出来，依据的是其织体与其现实的表现完全一样的算术、规律性与法则。而且这里一再出现的是潜在的生态学和生态哲学的主题。

机器性的实体，横贯现实化世界和**无形世界**的这些不同记录，
它们就像雅努斯（Janus）一样拥有两副面孔。它们在克分子的**流** 153
中间存在于话语的状态，伴有可能出现的符号学命题的素材的预设关系，同时它们在表述的发生源中间存在于非话语的状态，这些发生源体现在奇异的**存在之域**与以外在方式未被调整和未被协调的本体论的**指涉世界**之中。

如何将这些无形之物的织体的非话语的、无限的特性与能量—空间—时间的**流**及其命题的相关物的话语有限性联系起来？帕斯卡尔在对如下疑问的回答中为我们指出了方向：你以为上帝无限而又没有各个部分是不可能的吗？“——是的。——那么我要向你指出一件无限而又不可分割的东西来，那就是一个以无限速度在到处运动着的质点。因为它在一切地方都是一，而在每个

地点又都是整个的全体。"[1] 其实，只有一个以无限速度被激活的实体（也就是说没有尊重爱因斯坦有关光速的宇宙论极限）能够声称同时消除一个被限制的指涉对象和各种无形的可能场域，并由此将可信性与融贯性给予同一命题的各个矛盾项。不过，尽管借助这种展开一件"无限而又不可分割的东西"的帕斯卡尔式的速度，我们仍然还只限于一种在本体论上同质的、被动的和未分化的无限。内在于新的审美范式的创造性要求这种无限的更积极的、更活跃的重新褶皱，而这一点要在我们现在将研究的两种条件下才能实现，这两种条件的双重连接在这里被设想的广泛意义上是以机器为特点。

154 第一种混沌互渗的褶皱过程就存在于使混沌的潜能与最高级的复杂性的潜能共存。正是通过以无限速度进行的连续往返运动，实体的多样性当它们在同一的"是"—"非是"中间废除它们的分形的杂多性，并使自身同质化时才分化为本体论上异质的装配，并被混沌化。在某种意义上，实体的多样性不停地冲入它们丧失指涉和外在坐标的混沌的脐带之中，由此实体的多样性能够重新显示出来，被赋予复杂性的新负荷。恰恰在这一混沌互渗的折叠的路线上，一方面是**存在之域**的可感的有限性，另一方面是与其

1 Pascal, *Pensées*, Section III, p.231.（中译本参见帕斯卡尔：《思想录》，何兆武译，商务印书馆，1985 年，第 107 页。——译者注）

密切相关的**指涉世界**的超—可感的无限性，一种介于这两者之间的界面才得以被确立。由此，人们游移于两者之间：一是减速的有限世界，其中一个界限总是出现在另一个界限之后，一个限制出现在另一个限制之后，一个坐标体系出现在另一个坐标体系之后，人们从未抵达到处逃逸的“是”—质料的最终切线；另一是无限速度的**世界**，其中“是”不再被拒绝，它在它的内在差异、异质的质性中被给予。机器、每种机器，总是处在有限和无限的这一交叉口、复杂性和混沌之间的这一洽谈点。

这两种本体论的融贯性：异质的“是”—质性与同质的
“是”—质料—“无”都不涉及任何摩尼教式的二元论，因为它们 155
从实体内在性的同一平面开始建构自身，并相互包围。不过对混沌和复杂性的内在性这第一种层面所付出的代价就是这一层面没有交出解开下述方面的稳定、定位与节奏化的钥匙：减速的混沌互渗的郁滞和层、复杂性的“影像定格”(arrêts sur image)、那阻止复杂性折回以便一再陷入混沌的东西与那反过来使它们产生极限、规律性、限制、法则、第二种自创生的折叠必须承受的全体事物。

实际上，力图沿着一条混沌和复杂性之间同样直接的路线来拦截偶然性是不合理的。有两个原因可以解释这一点：一方面，从混沌中出现以便以无限速度返回混沌的短暂性装配本身潜在地具有减慢的速度；另一方面，混沌互渗的脐点在其呈现融贯性的范围内也在有限性分娩中通过存在论领会和超单子论（transmonadism）的两种功能发挥着作用。由此，在复杂性与混沌的内在性上，我们将被迫重叠无限性与有限性的内在性；我们将不得不假定初始的减慢在外在的极限和坐标特有的、能促成特殊视点的有限速度中表现出来。初始的减慢完全与实体的无限速度一样萦绕着混沌，而哲学试图以其概念的创造来驯服实体的无限
156 速度。无形的装配的无限潜在性的运动孕育着全部混合物和全部表述的装配在有限性中可现实化的可能发生的症状。因此，混沌互渗没有机械地振动于零与无限、“是”与“无”、有序与无序之间：它针对其以解域化载体的名义所利用的事物状态、身体、自创生的发生源产生反弹和萌芽，通过对抗复杂性的异质状态来进行相对的混沌化。我们在这里面对的是一种潜在的实体的无限，它是富有无限可能的，从创造性过程开始就是可无限丰富的。正是一种在可感的有限性的根基上抓住创造性潜力（potentialité）的张力——先于它被用于作品、哲学概念、科学函数、精神与社会对象——建立新的审美范式。在无限速度的中心受限制的速度的降临事件的潜力将无限速度建构为创造性强度。无限速度以有限速度膨胀，将潜在转换为可能，将可逆转转换为不可逆转，将延宕转换为差异。当相同的实体多样性构建潜在的世界和可能的世界时，内切于不可逆的时间性之中的、有限的、可感的分岔的这种潜力依然与非时间的可逆性、无限性的无形永恒回归一起，处于绝对的、相互的预设之中。

掷骰子 157

从未

甚至确实被投入永恒环境之中

来自沉船的深处……

不可逆转性的这种侵入、有限性的这些选择只要被登记在“是”的记忆之上，并相对于排序和指涉的轴而被设定，它们就会被调整，就能获得一种相对的融贯性。自创生的褶皱（pli）通过利用两个错综交织的小平面——存在论的占用或者领会与超单子论的登记——来回应这两种要求。不过，只有在单子展开一种外部性与一种超单子的相异性的情况下，这种领会才会将一种自主融贯性赋予单子，因而，既不是第一个小平面也不是第二个小平面受益于一种优先的关系，而且人们如若没有参照另一个平面就不研究一个平面。

然而，让我们从领会的方面来开始——它在下面两者之间建立了“结合”：

——装配及其混沌互渗的脐点的各自的自律、它们的区别、它们的绝对分离；

——与它们之间完全平等绝对的联结，处于双重内在性的同一平面中间。

定位与融合性废止的这种情绪矛盾的经验与对克莱因的部分
158 对象——乳房、面孔、阴茎等——的理解一起给予我们，当这些部分对象在与他者和**宇宙**的外投—内投的关系中解体自我时，它们使自我进行晶化。一种被领会捉住的无形的装配只有在它与超单子线相遇的降临事件突然发生的情况下才会接受它的有限性的特点，超单子线将以无限速度开启出口、驱逐，并启动它的初始的减慢。在界限的这一跨域的这边，无形的装配（complexion）的存在完全与混合物和装配（agencement）——可现实化的候选者——一样依然是随机的、短暂的。复杂的实体多样性只有被自创生的发生源编入索引。在这里，我们所提及的正是梦的初级回想的体验，伴之以其复杂性的线条的狂乱逃逸。当超单子论开始出场来登记和转换这一初期的自创生的联接时，一切才会真正地开始。因此，我们必须从它的不同方面来重新开始。

影响单子的杂多的虚无化、去极化和耗散的持续的新陈代谢禁止单子划定一种固有的同一性的界限。在频闪共鸣的多向度交替过程中，一个"被给予的"单子的融合的"无"（rien）萦绕着另一个单子的"无"，以此类推，直至无限。虚无化的这种蔓延既是全能的又是无能的，这种蔓延如何才能是有限性暂存的登记载体？
159 它如何变成解域化？因为哪里只有无限的衰减、绝对的弥散，哪里就有超单子的滑动引入一种有序的线性——人们从一个融贯性的点移向另一个融贯性的点——这种线性将能够使无形的装配的排序进行晶化。混沌互渗在这里就像图灵机的读写头（la tête de lecture）一样发挥功能。混沌的“无”停滞不前，并使复杂性鱼贯而行，将复杂性置于与自身，与那和复杂性相异的东西的关系中，置于与那改变复杂性的东西的关系中。差异的这种现实化导致了一种聚合的选择，能够加进这种选择的是极限、常量、事物状态。从现在开始，我们不再处于分解的无限速度之中。存有一种剩余、一种扣留，选择性地建立相似与不相似。在与无限的装配的共生中，有限的混合物将它们自己镶嵌在各种外在坐标之中，表述装配将它们自己镶嵌在相异性的各种关系中。线性、任何排序的矩阵已然是一种减慢，是一种存在论粘性。正是一种虚无化（更确切地说是一种强度的解域化）的持续才将它的有形的融贯性赋予事物状态、自创生的视点，这似乎是矛盾的。不过，只有这种线性化和块茎式的倒退才能选择、部署和调整一种今后将在非—分离性的话语减慢与绝对速度的双重体制下存在的复杂性。被选择的潜在的装配现在被标出了一种被原—时间性包围的、不可逆的事实性，这一原—时间性能够同时被描绘为是瞬间的和永恒的，并 160
轻易地在**价值世界**的现象学理解中被辨认出。超单子论通过事后效应在空间坐标的混沌的原始汤中间，使时间的因果关系、能量等级、装配交叉的可能性、由价值论的分岔和突变构成的整个本体论“性征”进行晶化。由此，自创生排序的第二种褶皱，是极其主动的和神创论的，脱离那内在于混沌互渗的第一种褶皱的被动性。被动性将变成极限、构架、可感的迭奏，从它们开始，有限的和“被控制的”复杂性的丰富性能够突然发生，而本体论的异质性将蜕变为相异性。没有什么事可干，除非初始的减慢和选择的这种降临事件会发生——自从它被登记在超单子的、自创生的肌质上。潜在视点的这种随机的极限在偶然性的褶皱或有限性的“选择”的提取中变成必然的和充足的偶性。从此以后，我们必须坚持不懈地去做，从哪里开始就回到哪里，绕着兜圈子。

通过有限性晶体的这种沉淀和可能吸引子的这种衰落，辖域化的界限将不可更改地被提出来——诸如相对性和光子交换的界限、规律性的界限、限制的界限，诸如运动量子的界限，科学装配
161 将其符号化为函数、常量和法则。不过，决定点只剩下超单子的逃脱，远非在虚无化的固定前景下被解决，蜷缩成无限的、涡流式的逃逸线，后者的盘绕就像奇异吸引子的盘绕一样在有限构型的现实化与一种过程的、始终可能的重载（顺序而新颖的分岔的、能量转换的载体，逃避层化的辖域化的熵，并向突变的表述装配的创造敞开）之间的十字路口赋予混沌一种融贯性。

正是一种朝向创造性的这种本体论根源的张力才是新的过程性范式的特点。这种张力在使主动和被动的两种无限的可组合性现实化时涉及表述装配的构成。绝不凝结的、紧张症的或者抽象的张力像资本一神教的张力一样，不过被一种突变的、总是被重新发明的、总是即将失去的神创论所激活。自创生的领会和超单

子论的降临事件所特有的不可逆性与以下两个方面是同质的：一是循环的、再域化的重复的持续抵制；一是不断地更新审美框架、局部观察的科学装置、哲学概念的装配、政治或者精神分析的（生态哲学）“居住条件”（oïkos）的安排。从一种向可感的有限性的俯
冲开始生产新的无限——无限不仅充满潜在性，而且还充满处于 162
现实境遇之中可现实化的潜力，摆脱或绕过传统的艺术、哲学、精神分析所编目的**共相**：全部事物，它们涉及对其他表述装配、其他符号诉诸对象的持续促进，也就是一种在其涌现位置上被把握的相异性——非排外的、非种族主义的、非男权主义的——强度性的和过程性的种种生成，也就是一种新的、对未知的爱……最终是一种奇异性的政治学和伦理学，与主导的主体性所提取的幼稚的同感（consensus）、“安慰”（rassurance）发生断裂。各种独断论倾注神创论的这些要点，并使之变得晦涩难懂，而这些要点必然在无意识的分析中（如同在所有其他学科中一样）无休止地对抗非意义的脱落、无法解决的矛盾，必然表现复杂性和混沌之间的各种短路。例如，民主性的混沌，隐含着重新奇异化的许多矢量，隐含着寻求现实化的社会创造力的许多吸引子。这里的问题不是新自由主义的随机性以及对市场经济、单一市场、资本主义权力的冗余市场的幻想，而是价值化体系的异质发生以及新的社会实践、艺术实践和分析实践的酝酿。

由此，对单子间的横贯性的质疑不仅仅具有思辨的本性，它

163 重新质疑学科边界、**价值世界**的唯我论的再度封闭，后者如今盛行于许多领域。让我们举最后一个例子，即对身体的开放性的重新定义。这对于促进精神病的治疗装配是如此必不可少，身体被构想为部分的自创生的组成部分的相互交叉，具有各种各样的、变化不定的构型，整体上与每个组成部分一样运行得好；全部“身体”——镜像的本己身体，幻想的身体，神经症学的身体图式，生物学的和有机体的体质，免疫性的自我[1]，家庭和环境的生态系统中间的人称学身份，集体的面容性，神话的、宗教的、意识形态的迭奏……许多被相同的横贯性的混沌互渗所重新联系的存在论意义上的界域性、许多单子论的“视点”，它们通过分形的起起落落而层层重叠、相互结构，准许一种有关（建制性精神疗法的、精神药物学的）分析路径、（谵妄性或者审美性的）个人重构的组合策略……宣布这些部分的然而却向相异性的最杂多的场域敞开的界域是同一回事：这就解释了最具孤独症特性的再度封闭如何能够同周围的社会星座和机器性的**无意识**、历史情结和宇宙疑难有直接关系。

1 Anne-Marie Moulin, Le dernier langage de la médecine, in *Histoire de l'immunologie de Pasteur au sida*, P. U. F., Paris, 1991.

第七章

# 生态哲学的对象

地缘政治学的布局快速地发生变化，而此时科学技术、生物 165
学、计算机辅助技术、计算机通信与各种媒体所构成的种种**世界**
日益使我们的精神坐标更加飘摇不定。第三世界的苦难、癌症人
口的增加、城市组织的剧增与衰退、各种污染所造成的生物界的
隐伏性破坏、对于重构一种适应于新技术数据的社会经济的当前
系统的无能为力：所有这一切必须促使精神、感性与意志发挥作
用。相反，那可能把我们拖向毁灭的历史的加速变化被看似耸人
听闻的、实为令人平庸与令人幼稚的影像掩饰了，各种媒体从时
事出发来配制这种影像。

生态危机可诉诸社会领域、政治领域与存在论领域的更普遍 166
的危机。这里提出的问题涉及一种关于精神状态的变革，以便这
类精神状态不再支持某种发展，而这种发展立基于一种失去全部
人类合目的性的生产主义（productivisme）。因此，令人烦扰的是，

疑问重新出现：如何调整精神状态？各种社会实践使人类重新获得责任的意义（如若人类曾经拥有的话），不仅为了人类自己的生存，也为了这个星球上的全部生命的未来——各种动植物以及各种无形的种类，诸如音乐、艺术、电影、与时间的关系、对他人的爱与怜悯、融入宇宙的浑然一体感，如何重新发现这些社会实践？

重组各种关于商讨与行动的、适应历史形势的集体方法当然是恰当的，而这种历史形势使各种旧时的意识形态、社会实践与传统政治贬值。在这一点上，我们必须注意到，新的信息技术工具有助于更新各种制造与维修的方法，这绝不是排除在外的。但是，恰恰不是它们像这样点燃创造的火花，引起各种能够展现建构性视角的意识中心。从支离破碎的举动、偶尔不稳定的主动性、探索性试验开始，新型的、集体的表述装配开始认识自身；观看
167 与创造世界的其他方式、“是”与澄明“是”之模态的其他方式将相互敞开，相互滋养，相互充实。问题与其说通往新颖的认知领域，倒不如说以移动的方式来理解和创造突变的、存在论意义上的潜在性。

对**历史**的主体性因素的这种考虑与促进真正的潜在生态学的伦理自由的飞跃绝不意味着一种反省（先验论意义上的沉思）或者一种对政治参与的抛弃。这种考虑反而需要重建政治实践。

自 18 世纪以来，科学与技术对发达社会的冲击被配以一种有关意识形态、社会与政治的两极化，处于进步主义的潮流（在

它们对国家的理解方面常常是雅各宾主义的）与固恋过去价值的保守主义潮流之间。正是以启蒙运动、自由、进步的名义，随之以劳动者解放的名义，左派与右派的轴线才由此构建为一种基本的参照。

社会民主党即使不赞同自由主义，那么至少赞同市场经济的优先地位。在如今这些条件下，就如某些生态学家宣告的“非左非右”的口号一样，我们必须认为这种两极性被认定会消失吗？正如 168
某些后现代主义的追随者所确认的那样，这难道不可能是社会本身注定像诱饵一样被抹去吗？与这些立场相反，我认为一种进步主义的极化注定要通过更加复杂的图式而被重新建构，依据的是较少雅各宾主义色彩的、更具联邦主义性质的、更加不一致的诸条件，相对于这种极化，保守主义、中间主义（centrisme），甚至新法西斯主义的各种各样的改头换面被重新定位。传统的政党构成过多地掺杂着不同的国家机构，从而转瞬之间出现了议会民主的各种制度。且不管它们明显的信用丧失，在那些继续投票的公民的名义下，一种全体选民不断增加的不满以及一种明显的信心匮乏流露出这种信用的丧失。政治的、社会的和经济的利害关系越来越避开那些大多数时候仅仅归结为激烈的大众媒体策略的选举竞争。“政客政治”的某种形式似乎注定在一种新型的社会实践面前被擦去，而这种社会实践既较好地适应了斗争阵地最具地方性的质疑，又较好地适应了我们时代的全球性问题。

东欧国家的大众猛然投身于一种集体的混沌互渗，从而摆脱极权政体，以不同的方式生活——他们被西方模式搞得神魂颠
169 倒。而这些自由主义政体与社会主义（时冷时热地）共生了几十年，这是显而易见的。在这种意义上，失败的是**整合世界资本主义**（Capitalisme Mondial intégré）——尽管它在大多数堡垒中能够保证持续的经济增长（的确是以大量的生态破坏和可怕的隔离为代价）——不仅不能使第三世界国家摆脱困境，而且只能给那些困扰东欧国家与苏联的巨大问题非常片面的回应，只会引发种族之间的流血冲突的厄运，人们目前从这些厄运中看不到任何出路。

日益扩大的生态意识大大超出了“绿党”的选举影响，这种生态意识原则上应该导致对那种为了生产而生产的意识形态进行重新质疑，也就是说这种生产仅仅针对价格体系与令人消沉的消费主义的资本主义背景下的利益。目标不再是仅仅控制那取代统治的资产阶级和官僚机构的国家权力，而是明确地规定人们要反向建立的东西。在这一点上，我觉得两个互补的主题内容必须在即将到来的、有关进步主义的制图术的重组的争论中变成首要的：

170 ——国家的重新定义，更确切地说是国家的功能，而后者事实上是多样的、异质的，而且经常是矛盾的；

——市场概念的解体与经济活动在主体性生产方面的重新

定位。

国家机器向极权主义的官僚主义化、硬化、滑动不仅关系到东欧国家，而且还关系到西方民主国家和第三世界国家。昔日罗莎·卢森堡（Rosa Luxemburg）与列宁所提倡的国家权力的蜕变比以往更具现实意义。民族主义的各种质疑重新出现在最恶劣的主观条件之中——民族主义（nationalisme）、原教旨主义（intégrisme）、种族仇恨等——因为没有任何合适的联邦主义的回应被提出来，以作为抽象的和假想的国际主义的一种替代。

世界市场的新自由主义神话最近这些年获得了一种令人难以置信的暗示力量。根据这种神话，任何经济体一旦屈从世界市场的法则，它的问题就会被魔幻般地分解。那些未能融入这一市场的非洲国家注定在经济上发展得不顺利，而且注定要乞讨国际 171
援助。像巴西这样的国家——被压迫者的抵抗继续在这个国家内部存在——在其与世界经济的关系中因过度通货膨胀而失去稳定性，而像智利和阿根廷这样的国家屈从于国际货币基金组织（IMF）的货币性要求，它们只有在80%的人口陷入不可思议的贫困之中时才能控制通货膨胀，整顿国家财政。

实际上，并不存在霸权的世界市场，而只存在各种与权力组织相对应的行业市场。金融市场、石油市场、房地产市场、军备市场、毒品市场、非政府组织的市场……它们既不具有相同的结构，也不具有相同的本体论纹理。它们只有通过各种在支撑它们的不同权力组织之间所确立的力量关系才会相互配合。如今出现在我们眼前的是一种新的、生态的权力组织，接着是一种新的生态产业正在其他资本市场中间获得自己的位置。价值化的异质性系统——抵消资本的同质发生，而非被动地怀疑世界市场的各种危害——不得不配置它们自己的权力组织，后者将在各种新的权力关系中间确定自身。例如，各种艺术装配应该组织起来，以免束手无策地听凭金融市场，而金融市场本身与毒品市场共生共存。
172 教育市场不能绝对地依赖国家市场。那些使新的城市生活质量、后大众媒介的交流增值的市场将不得不被发明出来。因此，暴露世界市场资本增值的霸权的荒谬性就在于将融贯性赋予社会装配的**价值世界**与**存在之域**，不妨说后者阻碍了我们所目击的内爆性演化。

为了抵制对主体性进行各种化约论的研究，我们从一个四维的生态哲学对象开始提出了一种对复杂性的分析：

——物质的、能量的与符号的**流**；

——具体和抽象的**机器语群**；

——潜在的**价值世界**；

——有限的**存在之域**。

以生态系统的方式接近**流**已经表现了一种对那些与生命有机体和社会结构相关的、控制论的相互作用和反馈的必要考量。不过，这里涉及的还是要在全部本体论的层之间建立一种横贯性的联系，至于这些层，它们每一个都以一种混沌互渗的特殊图形为特征。在这一点上，人们可以思考物质的和能量的**流**的可视化的和现实化的层、有机体生命的层、**社会**的层、机器界的层，还可以思考音乐、数学空想的**无形世界**，思考欲望的**生成**……曾 173
经作为“已在那儿”被给予的横贯性，不过总是通过存在的语用学被征服。至于这些层、这些**生成**和这些**世界**，在每一个层、每一个生成和每一个世界中间，被质疑的是无限的某种新陈代谢、超验的威胁、内在性的政治。而且对于它们中间的每一个而言，精神分裂分析的和生态哲学的制图术将是需要的，将会要求部分表述的种种组成部分在它们存在和被误认的地方和在唯科学主义、独断论、专家治国论禁止它们出现的地方被揭示。因此，混沌互渗没有预设关于**流**、**界域**、**世界**与**机器语群**的四种本体论维度的不变构成。它没有预先建立的图式，如同勒内·托姆理论中的突变（catastrophe）的普遍图形一样。其突变性的再现是存在论生产过程的一部分，而这一过程依靠有关界域化的有限性、不可逆转的具体化、过程的奇异性、潜在性**世界**的孕育的组成部分，这些组成部分在话语的外在性坐标中间不是直接可定位的。它们通过一种本体论的异质发生而存在，并且在诸如意义的断裂和存在的重申的意指世界中间确认自身。例如，这些迭奏在日常世界中的可设定性将会被实现，作为叙述性之漂移的和非—能指的功能，这种叙述性是神话的、文学的、幻想的和……理论的。

174 马克思主义和弗洛伊德主义的理论话语，自认为在科学图解方面是结构严密的，它们只有在本身催化部分主体化的这类发生源的范围内才能找到它们的社会肯定。从**存在之域**与**无形世界**出发，我们自己的、在表述的元模型化方面的尝试显然没有逃避其直接的客观表象的这种不可能性。不过，我们的理论迭奏比**无意识**、结构、系统的通行的表象更倾向于解域化……抓住复杂性与混沌之间的表述的非话语性维度和必要的分节使我们提出了前对象性实体（entité pré-objectale）的概念，作为本体论纹理（横贯于**流**、**机器语群**、**价值世界**和**存在之域**）的要素、“是”之前的“是”，后者由此从一种多语义分析的和强度的视角被构想。无限速度的活跃的实体解除时间、空间的范畴，并由此甚至解除速度的观念。从其强烈的减速中，对象、限定性集合和部分主体化的各种范畴被推导出来。解域化的混沌互渗的褶皱与表述的自创生的褶皱，与它的本体论领悟与超单子论的界面一起，植入对象—主体关系的中心，并在表象的任何诉求这边，一种创造的过程性、一种本
175 体论的责任在生态系统的必然性的中心把自由及其伦理性眩晕系牢了。[1]

与其谈论欲力，倒不如谈论机器；与其谈论力比多，倒不如

1 关于“子女”的伦理义务，参见 Hans Jonas, *Le Principe de responsabilité*, Cerf, Paris, 1991。

谈论**流**；与其谈论自我的审级与移情，倒不如谈论**存在之域**；与其谈论无意识情结与升华作用，倒不如谈论**无形世界**；与其谈论能指，倒不如谈论混沌互渗的实体。循环地嵌入本体论维度，而非把世界切分为下层结构与上层结构，这不可能仅仅是一种对于词汇的质疑！概念工具打开与关闭可能的场域，催化潜在性的**世界**。它们的语用学的散落物经常是无法预见的、遥不可及的、被延迟的。谁能懂得由其他人为了其他用途而将占用的东西，它们将会促进何等分岔啊！

制图术与生态哲学的元模型化的活动——其中“是”在一种新美学范式的支持下变成异质发生的最终对象——因此必定同时比概念的生产变得更节制与更大胆，而**大学**使我们习惯于概念的生产。更节制是因为这种活动将不得不放弃任何对持久、对任何终身科学权威的要求，而更大胆是为了积极加入不同寻常的冲刺，而这种冲刺目前嬉戏于种种机器性的突变与它们的主观性的“资 176
本化”之间。对创新的社会实践、审美实践与分析实践的介入由此与思辨性想象的强度界限的跨越相关联，而这种思辨性想象不仅来自不同的专业理论家，而且来自不同的表述装配，而这些装配面对着生态哲学的对象的复杂性所特有的混沌互渗的横贯性。而且放出各种伦理政治的抉择——这些抉择既与心灵和社会的微观方面有关，同样还与生物界和机器界的全球命运有关——从今以后要求长久地重新质疑那些存在于全部领域之中的价值化方式的本体论根基。

这种制图术的活动将能够以各种各样的方式进行具体化。向我们提供一种歪曲的预兆是通过精神分析治疗或家庭治疗、建制性分析的各种会诊、社交网络的实践、社会职业的或社区的团体……所有这些实践所共有的特征似乎是口头表达的特征。如今，心灵、伴侣、家庭、邻里生活、学校，与时间、空间、动物生命、各种声音、不同造型形式的关系：一切都不得不被重新退回到被言说的位置。然而，生态哲学的（或精神分裂分析的）方法将不会只局限于口头表达的这唯一层次。毫无疑问，言语依然是一个基本的中项，不过它不是唯一的；一切都绕过意指链、姿态、面容性特
177 征、空间布局、节奏、各种非—能指的符号生产（例如那些与货币交换相关的符号生产）、符号的机器性的生产都能被应用于这种分析装配之中。在这一点上，言语本身——我实在不能强调得太多——只有在它是存在论迭奏的载体的情况下才会起作用。

因此，生态哲学制图术的首要目的将不会是意指和传达而是生产表述装配，而这些装配能够捕捉情境的奇异性的各种点。在这种视角下，政治或文化的特性的汇合将会以生成分析（devenir analytique）为使命，而精神分析工作反而将注定扎根于各种各样的微观政治记录之中。与弗洛伊德主义的症状一样，意义的断裂、意见的分歧因此变成一种有特权的原料。种种“个人问题”应该能够闯入生态哲学表述的私人或公共的场景。在这一点上，令人印象深刻的，就是察看在何种程度上法国生态运动在其各种组成部分中表现出来，直到现在也不能维持基本诉求。

它完全致力于环境或政治秩序的话语。如若你们向生态学家们询问他们为了帮助他们街区的流浪者打算做什么，那么他们一般会答复你们说这不关他们的事。如若你们问他们想如何摆脱他们的小派别实践和某种独断论，那么他们当中许多人会承认质疑的合法理由，但对于提供解决问题的方法，他们的确感到很为难！老实说，如今问题对他们而言不再是如何定位自身与左 178
翼和右翼的相等距离，而是如何助力重新发明一种进步主义的极性，如何在其他基础上重建政治，如何以横贯的方式重新接合公共生活与私人生活，也就是社会、环境与精神。为了采取这一方向，新型的商议、分析、组织的诉求必须被实验；可能首先在小范围内进行，然后在更大的范围内进行。如若在今日法国表现得大有前途的生态运动没有致力于这项重组战斗诉求的任务（也就是在一种主体化的集体装配的全新意义上），那么它毫无疑问将失去投资于它的信任资本，因为生态学的技术和社团的方面被传统政党、国家机构和生态商务弥补了。因此，在我看来，生态运动不得不优先关心它自己的社会和精神的生态学。

在法国，某些知识分子领导者在传统上负有引导舆论的使命。不过，幸好这个时期似乎过去了。在经历了超验的知识分子的统治后——伟大的战斗时代的存在主义（existentialisme）先知们、"有机知识分子"（在葛兰西的意义上），然后更接近我们的是"道德一代"（génération morale）的说教者——可能我们将最终认识集体智力的内在性的重要性，这种内在性弥漫于教师的世界、社会 179

劳动者的世界和各类技术环境。智力向导的媒体和出版社的推销策略常常具有的效果就是抑制智力的**集体装配**的创新性，而这些装配丝毫没有受益于这种代表性体系。理智和艺术的创造性就像各种新的社会实践一样不得不赢得一种保护他们的特殊性和权利具有奇异性的民主性肯定。既然如此，知识分子和艺术家没有说教的事情可做。为了重组一幅我很久前就提出的图景，他们制作了由概念、知觉物和感受构成的工具箱，而各类公众将会以合乎自己意愿的方式使用这些工具箱。至于道德，必须承认的是有关价值的教学法是不存在的。美、真与善的**世界**与表达的各种界域化实践密不可分。只有在各种价值被横贯化它们的，有关实践、经验、强力的**界域**孕育的情况下，这些价值才会具有普遍表象的意义。这就是因为各种价值没有被固定在超验的**理念**的天空下，而这些价值还能够充分内爆超验的**理念**，使之依附于灾难性的混沌互渗的郁滞。勒庞变成了集体力比多的主导对象——选举他或拒绝他——由于他吸引媒体注意力的技巧，还主要因为所谓的左派的主体性的**存在之域**的消沉，因为左派的异质性价值的逐渐丧
180 失，而这些价值相关于国际主义、反种族主义、连带责任、各种创新性的社会实践……不管怎样，知识分子们不应该再被怂恿着充当思想的主人或者道德功课的提供者，而应该为促进横贯性工具的流通而努力，哪怕是在最孤独的情境中。

艺术的制图术曾一直是任何社会构架的基本要素。不过，

自从由专业行会实施以来，它们可能表现为一种细枝末节、一种灵魂的补充、一种脆弱的上层结构，而人们经常宣布这种结构的死亡。然而，从拉斯科洞穴到大教堂诞生之际出现的SOHO建筑，它们一直是使个体主体性和集体主体性晶化的必不可少的关键。

然而，在社会中被构思的艺术仅仅靠自身来维持自身。因为被生产出来的每部作品都拥有双重目的性：融入一种占有或拒绝它的社会网络与一再赞美艺术的**世界**，只因为这个世界总是遭受崩溃的威胁。

正是艺术与形式和意指断裂的功能平庸地盛行于社会场域，才赋予艺术这种时隐时现的持久性。艺术家以及更一般意义上的审美知觉拆分、解域化了实在的部分，以便使他扮演着部分表述者（énonciateur）的角色。艺术将意义与相异性的功能赋予被知觉
的世界的子集。作品的这种准泛灵论的言语效果导致了对艺术家 181
及其“消费者”的主体性的改写。总之，重要的在于使一种表述变得稀薄，而这种表述只是太趋向沉湎于一种令其幼稚化和灭绝它的、认同的序列性。对于那些享用艺术作品的人来说，艺术作品是一项错格的、意义断裂的、巴洛克风格蔓延的或极端贫乏化的事业，后者导致主体走向了自我的重新创造与重新发明。正是在艺术作品上，一种新的存在论支撑将根据再域化（迭奏的功能）与再奇异化的双重记录而振动不已。这一相逢的事件能够不可逆转地注明存在进展的日期，并产生了“远离”日常生活的“平衡状态”

的可能场域。

从这种存在论功能的视角来看——也就是在与意指和本义的断裂中——平常的美学范畴失去了它们的大部分相关性。对“自由具象化”、“抽象化”或“概念论”的参照几乎是无关紧要！重要的是要懂得一部作品是否有效地促进一种表述的突变性生产。艺术活动的焦点一直是主体性的剩余价值，或换言之是揭示一种处
182 于平庸环境中间的负熵——主体性的融贯性，后者只有在其经由微小的、个人的或集体的再奇异化的偏斜才能被维持。

然而，我们最近几年所目睹的艺术消费的飞速发展不得不被置于与个体生活在城市背景中的日益增长的统一化的关系之中。应该强调的是这种艺术消费的准维生素式的功能不是单义的。它能够采取与这种统一化相平行的方向，因为它能够扮演主体性分岔的算子的角色（这种矛盾情绪在摇滚乐文化的影响下是极其明显的）。每个艺术家所遭遇的就是这种两难境地：“跟着感觉走。”像跨先锋派（Transavantgarde）和后现代主义信徒们所颂扬的那样，抑或为了更新审美实践而努力，而这些实践由**社会**的其他创新环节所接替，冒着被大多数人不理解与隔离的危险。

当然，想要把创造的奇异性与各种潜在的社会突变接合起来，这绝不是容易的事。而且不得不承认的是当代**社会**几乎不可能顺从这种审美的和伦理政治的横贯性的实验。尽管如此，事实上还

是横扫地球的大量危机——周期性失业、生态破坏、价值化方式
的错乱，仅仅基于利益或国家援助——向定位不同的审美组成部 183
分敞开了场域。这里涉及的不只是让失业者和“边缘人物”到文化中心打发闲暇时间！事实上，正是科学、技术和社会关系的生产本身将被引向各种审美范式。这里我只需参考伊利亚·普里高津（Ilya Prigogine）和伊莎贝尔·斯唐热（Isabelle Stengers）的最新著作就足够了，他们在这部著作中提到向物理学引进一种“叙述要素”的必要性，而这一“叙述要素”是真正的演化观念所必不可少的。[1]

如今我们的社会毫无退路，并且为了生存而将不得不总是进一步阐述研究、创新和创造。有许多维度意味着要考虑审美特有的断裂和缝合的种种技巧。某物脱落了，开始为了自己而努力，正如为了你们而努力，如若你们能够自己向这一过程“聚集”。这种重新质疑关系到全部建制性领域，例如学校。如何使一个学校班级像一件艺术作品一样存在？什么是班级奇异化的可能性路径、构成这一班级的孩子们的“存在把握”（prise d'existence）的
源头？[2]而且在我以前所谓的“分子式革命”的论述中，第三世界 184

1 “对于今天的人们来说，‘宇宙大爆炸’和宇宙演化是世界的组成部分，与往昔的起源神话一样”，载 *Entre le temps et l'éternité*, Fayard, 1988, p.65。

2 在有关建制性教学法（la Pédagogie institutionnelle）的众多著作中，参见勒内·拉菲特（René Laffitte）的著作：*Une journée dans une classe cooperative: le désir retrouvé*, Syros, 1985。

隐藏着值得探索的宝藏。[1]

在一种神奇的科学客观性的名义下，一种对主体性成系统的排斥继续在大学中占据支配地位。在结构主义的黄金时期，主体在方法上从其表达的多样的和异质的质料中被驱逐了。是时候重新考虑影像的机器性生产、人工智能的符号等，作为主体性的新材料。在中世纪，艺术和技术曾在那些能够维持下来的修道院中找到了庇护所。如今，可能就是艺术家们建立了原发性的存在论质疑进行重新褶皱的最后防线。如何整理可能的新场域？如何装配声音与形式，以便毗邻它们的主体性保持运动，也就是说主体性确实是生机勃勃的？

当代主体性的使命不是无限地生存在由自我的重新褶皱、大众媒介的幼稚化、对差异和相异性的误认所构成的体制之下，
185 这既出现在人类领域又出现在宇宙记录之中。它的主体化方式只有创造的目标能够实现时才会摆脱它们的同质性的“包围”（encerclement）。这里涉及的是全部人类活动的终极目的。在种种物质的和政治的要求之外，对主体性生产之个体的和集体的再适应的憧憬出现了。由此各种价值的本体论意义上的异质发生即将变成政治利害关系的节点，而这些政治利害关系如今

---

1　在第三世界的现代性的“战败者”中间继续存在的相互联系的网络，参见 Serge Latouche, La Planète des naufragés，in *Essai sur l'après-développement*, la Découverte, 1991。

缺乏地点、直接关系、环境、社会组织的重组与艺术的存在范围……并且在主体化装配的缓慢重组结束时，对生态哲学进行混沌互渗式的种种探索——在这些探索之间接合科学、政治、环境与精神的生态学——应该可以声称取代了陈旧的意识形态，而这些意识形态曾过分地划分社会领域、个人领域和公共领域，并且未能彻底地在政治领域、伦理领域与审美领域建立横贯性的连接。

然而，显而易见的是我们这里根本不提倡一种对**社会**的审美化，因为促进一种新的审美范式毕竟被认定要颠覆艺术的当前形式，同样也要颠覆社会生活的形式！我祈求于未来。我认为一切被提前决定或一切应该被改写——世界能够从其他的**价值世界**出发被重建，其他的**存在之域**必须以这一目的被建立，我的步骤将
根据这一主张而带有机械论方面的承诺或创造的不确定性。地球 186
正经历的大量考验（例如大气层的破坏）涉及生产、生活方式和价值轴的变化。人口暴增——将在几十年里使拉丁美洲的人口增加两倍，使非洲人口增加四倍[1]，这不是由无法避免的生物厄运引起的。人口暴增的关键是经济的因素（也就是权力的），并且最终是主观的——文化的、社会的、大众媒介的因素。第三世界的未来

1 Jacques Vallin ( de l'INED ) , *Transversales Science / Culture*, 29, rue Marsoulan – 75012 Paris n° 9 de juin 1991. *La population mondianle, la population française*; la Découverte, Paris, 1991.

首先取决于其在正进行的荒漠化的社会组织的背景下重新掌握属于自己的主体化过程（比如在巴西，我们看到了下列要素的共存：一种在无法律道德约束的地方发展的资本主义，一种黑帮和警察构成的野蛮暴力，连同在工人党的势力范围内对社会和城市实践进行重组的有趣尝试）。

在模糊我们的千年终结的迷雾瘴气中，对主体性的质疑从今
以后作为中心主题重新回来了。它不再是像空气或水一样的自然
给予物。我们该如何生产它，俘获它，丰富它，永久地重新创造它，
187 以便使它与突变的**价值世界**协调一致？为了它的解放，也就是为了
使之重新特异化，我们该如何工作？精神分析、建制性分析、电影、
文学、诗歌、革新性的教学法、城市规划和建筑学、创造者……所
有学科将不得不将它们的创造性结合起来，以便避免野蛮、精神崩
溃、混沌互渗式的痉挛的、不久就出现的各种厄运，以便将它们转
变成不可预见的财富和享乐，对这些的承诺毕竟还是相当明确的。

附录

# 致宇野邦一的一封信：我们如何以二的方式进行工作？

吉尔·德勒兹

亲爱的宇野邦一[1]：

你问菲利克斯·加塔利与我如何相识，如何一起工作。我只能向你提供我的观点，而菲利克斯的看法可能是不同的。可以肯定的是，一起工作没有秘诀或普遍的程式。

这恰好发生在1968年之后的法国。起初我们并不相识，但一个共同的朋友希望我们彼此相识。不过，我们乍一见面时没有什么可供对方了解。菲利克斯总是有许多维度，参与许多精神病的、政治的活动，从事许多群体工作。这是一颗群体之“星”。抑或应该将他比作海：表面上总是变幻不定，始终光芒四射。他能够周旋于各种活动，他睡得少，他游历，他不会停下来。他没有

1　宇野邦一（Kuniichi Uno）系吉尔·德勒兹和菲利克斯·加塔利著作日语译本的重要译者之一，译有《反俄狄浦斯》和《千高原》等。——译者注

**中止**。他具有异常惊人的速度。至于我，我更像山丘——我极少移动，不能同时进行两件事。我的观念是固定的，而且我所具有的、罕见发生的运动是内在的。我喜欢独自写作，我不喜欢说话，除了上课，那时话语不得不顺从其他内容。至于我俩，菲利克斯和我，我们可能进行一场棋逢对手的相扑运动。

可是，如果你仔细打量菲利克斯，那你会发觉他太孤单了。在两个活动之间，或在很多人中间，他可能陷入巨大的孤独之中。他溜走了，去弹琴、阅读、写作。我很少遇见一个这样有创造力、提出这么多理念的人。而且对于他的理念，他不断地调整，反复考虑，不停地改变它们的形态。他也完全能够对它们不感兴趣，甚至能够忘记它们，以便更好地修改或重新分配它们。他的理念是素描，抑或是图表。在我看来，种种概念具有本己的存在，它们被激活，这是不可见的创造物。但是它们恰恰需要被创造。哲学在我看来是一门创造的艺术，与绘画和音乐一样——哲学创造概念。概念不具有普遍性，亦不具有真理性。这更确切地说是属于**奇异**（Singulier）、**重要**（Important）和**新**（Nouveau）的领域。**概念与感受**（**概念**作用于我们生命的强烈效果）和**知觉物**（观看和感知概念激发我们的新方式）密不可分。

在菲利克斯的图表和我与之有关的概念之间，我们很想一起工作，不过我们的确不知道该如何做。我们读了很多有关人种学、经济学、语言学的著作。这些都是材料，我曾着迷于菲利克斯从中提取的东西，而且菲利克斯被我试图从中进行的哲学贯注激发兴趣。很快，为了《反俄狄浦斯》，我们知道我们想要说的内容：一种作为机器、工厂的无意识的新阐述，一种以历史、政治和社会的世界为索引的谵妄的新构想。但是，该怎么做呢？我们开始以混乱的、没完没了的书信进行工作，然后两个人隔几天或几周见面一次。你了解这一点，这是一项太令人厌倦的工作，我们总是开玩笑。而且我们每个人沿着不同的方向阐发了这样或那样的问题，我们混合了文字，我们每次有需要时都创造语词。书有时具有一种强烈的、彼此之间不再说明理由的相容性。

我们之间的差异妨碍了我们，不过又进一步帮助了我们。我们从未有相同的节奏。菲利克斯责备我没有回复他写给我的信——因为我不能马上回复。我只能很晚才回复，一两个月之后，此时菲利克斯已经跑到其他领域了。而且在我们见面的时候，我们从未一起说话：一个人说，另一个人听。我没有**放弃**菲利克斯，即便是在他厌烦的时候，不过菲利克斯**追赶**我，即便是在我筋疲力尽的时候。渐渐地，一个概念具有了一种自主的存在，我们有时以不同的方式继续理解这种存在（例如我们从未以相同的方式理解“无器官身体”）。以二的方式工作从来不是统一，更确切地说，是增殖、分岔的集聚、块茎。我可以对那些回到这样或那样主题、这样或那样观念的起源的人说：在我看来，菲利克斯有如闪电，而我则像避雷针，我隐藏在泥土之中，以便以其他的方式再生，不过菲利克斯重新开始……我们就以这样的方式前进。

至于《千高原》，这又有所不同。这本书的构成更复杂，所探讨的领域也更多样，不过我们获得了这样的习惯——一个人能够猜出另一个人会走向何方。我们的谈话容许大量的省略，而且我们可以建立各种共鸣，不仅在我们之间，而且在我们横贯的各种领域之间。当我们写这本书的时候，最美妙的时刻是：叠歌与音乐、战争机器与游牧、生成动物。在这一点上，我在菲利克斯的驱动下感觉到陌生概念存在的未知界域。正是书让我感到快乐，而且对我而言，我最终也没有耗尽书。不要考虑任何虚荣心，我是为了自己说话，而不是为了读者。随后菲利克斯和我，我们每个人的确应该从各自的角度重新工作，以便重新获得灵感。但是，我被说服了，我们重新去一起工作。

好了，亲爱的宇野邦一，我希望能回答你的一部分问题。祝你一切顺利！

附录

# 为了纪念菲利克斯

吉尔·德勒兹

直至最后，我和菲利克斯的工作对我来说都是发现与快乐的源泉。不过我不想谈我们一起撰写的著作，我想谈谈他独自撰写的著作。因为，在我看来，他的著作是一笔用之不尽的财富。这些著作横贯了它们开启创造之路的三个领域。

首先，在精神病领域，菲利克斯从建制性分析的角度引进了两个主要的观念：主体群体和横贯的（非等级化的）关系。人们注意到这些观念是政治的，也是精神病学的。因为作为精神病现实的谵妄是一种直接萦绕着社会政治领域的潜能：远非局限于精神分析的爸爸—妈妈，谵妄使大陆、种族和部落漂移。谵妄既是病理学的被治疗的过程，还是以政治的方式被规定的治疗因素。

其次，菲利克斯或许渴望一种系统，其某些部分可能是科学的，另一些可能是哲学的，再一些可能是生活的或艺术的……

菲利克斯达到了一个含纳科学功能、哲学概念、生活经验、艺术创造之可能性的奇特层次。恰恰这种可能性本身是同质的，而种种可能发生的东西是异质的。因此就有了《精神分裂分析制图学》所构建的四象限的奇妙系统：界域、流、机器与宇宙。最后，如何完全不受菲利克斯的某些艺术分析的影响——关于巴尔蒂斯（Balthus）、弗罗芒热（Fromanger）的分析，或他的文学分析，例如论普鲁斯特的叠歌功能的基本文本（以樊特伊的短句喊出的商人叫卖声），或者论热内（Genet）和《爱的囚徒》（*Captif amoureux*）的悲怆文本。

菲利克斯的著作有待发现或有待重新发现，这是让菲利克斯活着的最好方式之一。在对亡友的回忆中令人心碎的是那些还让我们感动的、即便他已去世但我们有时仍会想起的姿态和目光。菲利克斯的著作向这些姿态和目光提供了能够传递它们力量的新实体、新对象。